눈으로 읽고 마음으로 옮겨쓰는

예레미야/예레미야 애가
Jeremiah/Lamentations

시작한 날 : 년 월 일

끝마친 날 : 년 월 일

❖ 왼쪽면을 따라쓰실 때 반을 접어서 쓰시면 훨씬 수월합니다.

눈으로 읽고 마음으로 옮겨쓰는

예레미야 · 예레미야애가

초 판 1쇄 : 2024년 9월 13일
발 행 인 : 황경자
발 행 처 : 도서출판 두돌비
등록번호 : 2006. 8. 17 제 2006-12호
주 소 : 서울시 중랑구 동일로 107길 12
전 화 : (02) 964-6993 | 팩스 : (02) 2208-0153
E-mail : 153books@hanmail.net

ISBN 978-89-85583-94-7

예레미야

눈물의 선지자인 예레미야는 제사장 힐기야의 아들로서 작은 마을인 아나돗에서 태어났으며 요시야 13년(B.C 627)부터 시드기야 왕 때까지 40년 넘게 사역한 선지자로서 유다와 예루살렘에 대한 하나님의 심판을 전한 선지자였기에 많은 핍박을 받았으며 B.C 586에 유다의 멸망 후 애굽으로 피신하는 요하난과 백성들을 따라 피신 후(렘 43:6~7) 유다 백성과 애굽에 대한 심판을 지속적으로 예언한 선지자이며 죽은 시기나 장소를 알 수는 없으나 애굽에서 죽은 것으로 추정된다.

예레미야서는 하나님을 의지하지 않는 유다 민족의 징계를 통하여 새롭게 회복시킬 것이라는 주제를 담고 있으며, 특히 이스라엘의 회복 속에는 새 언약을(렘 31:31~33) 통해 영원한 통치가 이루어질 것을 말하고 있으며 이 약속은 다윗의 혈통을 따라오신 예수그리스도를 통하여 성취되었다.(렘 30:9, 21)

구조

1:1~19	예레미야의 소명
2:1~25:38	유다의 죄악과 멸망 예언
26:1~29:32	예레미야의 핍박
30:1~45:5	유다의 멸망과 이스라엘의 회복 약속
46:1~51:64	아홉 국가의 심판
52:1~34	시드기야의 말년

예레미야 애가

본서는 예레미야서와 같이 예루살렘의 멸망이라는 동일한 주제를 담고 있으며 저자 또한 예레미야임을 말하고 있다. 급부상한 바벨론이 앗수르와 애굽을 멸망시키고 중근동의 승자로 군림하고 있을 때 어리석은 유다 왕들이 바벨론을 배척하고 애굽만을 의지하였다. 그 결과로 바벨론의 3차에 걸친 침공으로 인해 예루살렘 성이 함락되고 말았다. 예레미야서는 예루살렘의 성전 파괴를 지켜보는 가운데 안타까운 마음으로 부른 애가이다. 기록시기는 바벨론의 3차 침공이 있던 586년 경에 기록되었다고 본다.

기록목적은 거룩한 성 예루살렘의 멸망에 대한 슬픔과 애통을 알리고 이런 심판이 죄악에 대한 하나님의 공의로운 심판인 것과 진정한 회개가 있을 때 언약에 신실하신 하나님의 은혜로 다시 회복될 수 있다는 소망을 심어주기 위해서 본서를 기록하였다.

구조

1~4장	예루살렘의 멸망을 애도
5장	눈물로 백성들의 회복을 간구함

예레미야

1

1 베냐민 땅 아나돗의 제사장들 중
힐기야의 아들 예레미야의 말이라
2 아몬의 아들 유다 왕 요시야가 다스
린 지 십삼 년에 여호와의 말씀이 예
레미야에게 임하였고
3 요시야의 아들 유다의 왕 여호야김 시
대부터 요시야의 아들 유다의 왕 시드
기야의 십일년 말까지 곧 오월에 예루
살렘이 사로잡혀 가기까지 임하니라

여호와의 말씀이 예레미야에게 임하다

4 ○ 여호와의 말씀이 내게 임하니라 이
르시되
5 내가 너를 모태에 짓기 전에 너를 알
았고 네가 배에서 나오기 전에 너를
성별하였고 너를 여러 나라의 선지자
로 세웠노라 하시기로
6 내가 이르되 슬프도소이다 주 여호와
여 보소서 나는 아이라 말할 줄을 알
지 못하나이다 하니
7 여호와께서 내게 이르시되 너는 아이
라 말하지 말고 내가 너를 누구에게
보내든지 너는 가며 내가 네게 무엇

을 명령하든지 너는 말할지니라
8 너는 그들 때문에 두려워하지 말라
내가 너와 함께 하여 너를 구원하리
라 나 여호와의 말이니라 하시고
9 여호와께서 그의 손을 내밀어 내 입
에 대시며 여호와께서 내게 이르시되
보라 내가 내 말을 네 입에 두었노라
10 보라 내가 오늘 너를 여러 나라와 여
러 왕국 위에 세워 네가 그것들을 뽑
고 파괴하며 파멸하고 넘어뜨리며 건
설하고 심게 하였느니라 하시니라

살구나무 가지와 끓는 가마 환상

11 ○ 여호와의 말씀이 또 내게 임하니
라 이르시되 예레미야야 네가 무엇을
보느냐 하시매 내가 대답하되 내가
살구나무 가지를 보나이다
12 여호와께서 내게 이르시되 네가 잘
보았도다 이는 내가 내 말을 지켜 그
대로 이루려 함이라 하시니라
13 ○ 여호와의 말씀이 다시 내게 임하니
라 이르시되 네가 무엇을 보느냐 대답
하되 끓는 가마를 보나이다 그 윗면이
북에서부터 기울어졌나이다 하니
14 여호와께서 내게 이르시되 재앙이 북
방에서 일어나 이 땅의 모든 주민들
에게 부어지리라
15 내가 북방 왕국들의 모든 족속들을

8】

9】

10】

11】

12】

13】

14】

15】

부를 것인즉 그들이 와서 예루살렘
성문 어귀에 각기 자리를 정하고 그
사방 모든 성벽과 유다 모든 성읍들
을 치리라 여호와의 말이니라
16 무리가 나를 버리고 다른 신들에게
분향하며 자기 손으로 만든 것들에
절하였은즉 내가 나의 심판을 그들에
게 선고하여 그들의 모든 죄악을 징
계하리라
17 그러므로 너는 네 허리를 동이고 일
어나 내가 네게 명령한 바를 다 그들
에게 말하라 그들 때문에 두려워하지
말라 네가 그들 앞에서 두려움을 당
하지 않게 하리라
18 보라 내가 오늘 너를 그 온 땅과 유다
왕들과 그 지도자들과 그 제사장들과
그 땅 백성 앞에 견고한 성읍, 쇠기둥,
놋성벽이 되게 하였은즉
19 그들이 너를 치나 너를 이기지 못하리
니 이는 내가 너와 함께 하여 너를 구
원할 것임이니라 여호와의 말이니라

16】

17】

18】

19】

여호와께서 기억하시다

2 1 여호와의 말씀이 내게 임하니라
이르시되
2 가서 예루살렘의 귀에 외칠지니라
여호와께서 이와 같이 말씀하시기

1】

2】

를 내가 너를 위하여 네 청년 때의
인애와 네 신혼 때의 사랑을 기억하
노니 곧 씨 뿌리지 못하는 땅, 그 광
야에서 나를 따랐음이니라
3 이스라엘은 여호와를 위한 성물 곧
그의 소산 중 첫 열매이니 그를 삼키
는 자면 모두 벌을 받아 재앙이 그들
에게 닥치리라 여호와의 말씀이니라

조상들이 여호와를 멀리하였다

4 ○ 야곱의 집과 이스라엘의 집 모든
족속들아 여호와의 말씀을 들으라
5 나 여호와가 이와 같이 말하노라 너
희 조상들이 내게서 무슨 불의함을
보았기에 나를 멀리 하고 가서 헛된
것을 따라 헛되이 행하였느냐
6 그들이 우리를 애굽 땅에서 인도하여
내시고 광야 곧 사막과 구덩이 땅, 건
조하고 사망의 그늘진 땅, 사람이 그
곳으로 다니지 아니하고 그 곳에 사
람이 거주하지 아니하는 땅을 우리가
통과하게 하시던 여호와께서 어디 계
시냐 하고 말하지 아니하였도다
7 내가 너희를 기름진 땅에 인도하여
그것의 열매와 그것의 아름다운 것
을 먹게 하였거늘 너희가 이리로 들
어와서는 내 땅을 더럽히고 내 기업
을 역겨운 것으로 만들었으며

3】

4】

5】

6】

7】

8 제사장들은 여호와께서 어디 계시냐
말하지 아니하였으며 율법을 다루는
자들은 나를 알지 못하며 관리들도
나에게 반역하며 선지자들은 바알
의 이름으로 예언하고 무익한 것들
을 따랐느니라

백성이 행한 악

9 ○ 그러므로 내가 다시 싸우고 너희
자손들과도 싸우리라 여호와의 말씀
이니라
10 너희는 깃딤 섬들에 건너가 보며 게
달에도 사람을 보내 이같은 일이 있
었는지를 자세히 살펴보라
11 어느 나라가 그들의 신들을 신 아닌
것과 바꾼 일이 있느냐 그러나 나의
백성은 그의 영광을 무익한 것과 바
꾸었도다
12 너 하늘아 이 일로 말미암아 놀랄지
어다 심히 떨지어다 두려워할지어다
여호와의 말씀이니라
13 내 백성이 두 가지 악을 행하였나니
곧 그들이 생수의 근원되는 나를 버
린 것과 스스로 웅덩이를 판 것인데
그것은 그 물을 가두지 못할 터진 웅
덩이들이니라

이스라엘의 악과 반역

14 ○ 이스라엘이 종이냐 씨종이냐 어

8】

9】

10】

11】

12】

13】

14】

찌하여 포로가 되었느냐
15 어린 사자들이 그를 향하여 부르짖
으며 소리를 질러 그의 땅을 황폐하
게 하였으며 그의 성읍들은 불타서
주민이 없게 되었으며
16 놉과 다바네스의 자손도 네 정수리
를 상하였으니
17 네 하나님 여호와가 너를 길로 인도
할 때에 네가 그를 떠남으로 이를 자
취함이 아니냐
18 네가 시홀의 물을 마시려고 애굽으
로 가는 길에 있음은 어찌 됨이며 또
네가 그 강물을 마시려고 앗수르로
가는 길에 있음은 어찌 됨이냐
19 네 악이 너를 징계하겠고 네 반역
이 너를 책망할 것이라 그런즉 네 하
나님 여호와를 버림과 네 속에 나를
경외함이 없는 것이 악이요 고통인
줄 알라 주 만군의 여호와의 말씀이
니라

이방 신을 따라 가는 이스라엘

20 ○ 네가 옛적부터 네 멍에를 꺾고 네
결박을 끊으며 말하기를 나는 순종
하지 아니하리라 하고 모든 높은 산
위에서와 모든 푸른 나무 아래에서
너는 몸을 굽혀 행음하도다
21 내가 너를 순전한 참 종자 곧 귀한

15】

16】

17】

18】

19】

20】

21】

포도나무로 심었거늘 내게 대하여
이방 포도나무의 악한 가지가 됨은
어찌 됨이냐
22 주 여호와의 말씀이니라 네가 잿물
로 스스로 씻으며 네가 많은 비누를
쓸지라도 네 죄악이 내 앞에 그대로
있으리니
23 네가 어찌 말하기를 나는 더럽혀지지
아니하였다 바알들의 뒤를 따르지 아
니하였다 하겠느냐 골짜기 속에 있는
네 길을 보라 네 행한 바를 알 것이니
라 발이 빠른 암낙타가 그의 길을 어
지러이 달리는 것과 같았으며
24 너는 광야에 익숙한 들암나귀들이
그들의 성욕이 일어나므로 헐떡거
림 같았도다 그 발정기에 누가 그것
을 막으리요 그것을 찾는 것들이 수
고하지 아니하고 그 발정기에 만나
리라
25 내가 또 말하기를 네 발을 제어하여
벗은 발이 되게 하지 말며 목을 갈하
게 하지 말라 하였으나 오직 너는 말
하기를 아니라 이는 헛된 말이라 내
가 이방 신들을 사랑하였은즉 그를
따라 가겠노라 하도다

유다를 심판하리라

26 ○ 도둑이 붙들리면 수치를 당함 같

22】

23】

24】

25】

26】

이 이스라엘 집 곧 그들의 왕들과 지
도자들과 제사장들과 선지자들이 수
치를 당하였느니라
27 그들이 나무를 향하여 너는 나의 아
버지라 하며 돌을 향하여 너는 나를
낳았다 하고 그들의 등을 내게로 돌
리고 그들의 얼굴은 내게로 향하지
아니하다가 그들이 환난을 당할 때
에는 이르기를 일어나 우리를 구원
하소서 하리라
28 너를 위하여 네가 만든 네 신들이 어
디 있느냐 그들이 네가 환난을 당할
때에 구원할 수 있으면 일어날 것이
니라 유다여 너의 신들이 너의 성읍
수와 같도다
29 ○ 너희가 나에게 대항함은 어찌 됨
이냐 너희가 다 내게 잘못하였느니
라 여호와의 말씀이니라
30 내가 너희 자녀들을 때린 것이 무익
함은 그들이 징계를 받아들이지 아
니함이라 너희 칼이 사나운 사자 같
이 너희 선지자들을 삼켰느니라
31 너희 이 세대여 여호와의 말을 들어
보라 내가 이스라엘에게 광야가 되
었었느냐 캄캄한 땅이 되었었느냐
무슨 이유로 내 백성이 말하기를 우
리는 놓였으니 다시 주께로 가지 아

27】

28】

29】

30】

31】

니하겠다 하느냐
32 처녀가 어찌 그의 패물을 잊겠느냐
신부가 어찌 그의 예복을 잊겠느냐
오직 내 백성은 나를 잊었나니 그 날
수는 셀 수 없거늘
33 네가 어찌 사랑을 얻으려고 네 행위
를 아름답게 꾸미느냐 그러므로 네
행위를 악한 여자들에게까지 가르쳤
으며
34 또 네 옷단에는 죄 없는 가난한 자를
죽인 피가 묻었나니 그들이 담 구멍
을 뚫었기 때문이 아니라 오직 이 모
든 일 때문이니라
35 그러나 너는 말하기를 나는 무죄하
니 그의 진노가 참으로 내게서 떠났
다 하거니와 보라 네 말이 나는 죄를
범하지 아니하였다 하였으므로 내가
너를 심판하리라
36 네가 어찌하여 네 길을 바꾸어 부지
런히 돌아다니느냐 네가 앗수르로 말
미암아 수치를 당함 같이 또한 애굽
으로 말미암아 수치를 당할 것이라
37 네가 두 손으로 네 머리를 싸고 거
기서도 나가리니 이는 네가 의지하
는 자들을 나 여호와가 버렸으므로
네가 그들로 말미암아 형통하지 못
할 것임이라

32】

33】

34】

35】

36】

37】

년 월 일

유다의 음란과 행악

3 1 그들이 말하기를 가령 사람이 그의
아내를 버리므로 그가 그에게서 떠
나 타인의 아내가 된다 하자 남편이
그를 다시 받겠느냐 그리하면 그 땅
이 크게 더러워지지 아니하겠느냐 하
느니라 네가 많은 무리와 행음하고서
도 내게로 돌아오려느냐 여호와의 말
씀이니라
2 네 눈을 들어 헐벗은 산을 보라 네가
행음하지 아니한 곳이 어디 있느냐
네가 길 가에 앉아 사람들을 기다린
것이 광야에 있는 아라바 사람 같아
서 음란과 행악으로 이 땅을 더럽혔
도다
3 그러므로 단비가 그쳤고 늦은 비가
없어졌느니라 그럴지라도 네가 창녀
의 낯을 가졌으므로 수치를 알지 못
하느니라
4 네가 이제부터는 내게 부르짖기를 나
의 아버지여 아버지는 나의 청년 시
절의 보호자이시오니
5 노여움을 한없이 계속하시겠으며 끝
까지 품으시겠나이까 하지 아니하겠
느냐 보라 네가 이같이 말하여도 악
을 행하여 네 욕심을 이루었느니라
하시니라

1】

2】

3】

4】

5】

배역한 이스라엘과 반역한 유다

6 ○ 요시야 왕 때에 여호와께서 또 내
게 이르시되 너는 배역한 이스라엘이
행한 바를 보았느냐 그가 모든 높은
산에 오르며 모든 푸른 나무 아래로
가서 거기서 행음하였도다
7 그가 이 모든 일들을 행한 후에 내가
말하기를 그가 내게로 돌아오리라 하
였으나 아직도 내게로 돌아오지 아니
하였고 그의 반역한 자매 유다는 그
것을 보았느니라
8 내게 배역한 이스라엘이 간음을 행
하였으므로 내가 그를 내쫓고 그에게
이혼서까지 주었으되 그의 반역한 자
매 유다가 두려워하지 아니하고 자기
도 가서 행음함을 내가 보았노라
9 그가 돌과 나무와 더불어 행음함을
가볍게 여기고 행음하여 이 땅을 더
럽혔거늘
10 이 모든 일이 있어도 그의 반역한 자
매 유다가 진심으로 내게 돌아오지
아니하고 거짓으로 할 뿐이니라 여호
와의 말씀이니라
11 ○ 여호와께서 내게 이르시되 배역한
이스라엘은 반역한 유다보다 자신이
더 의로움이 나타났나니
12 너는 가서 북을 향하여 이 말을 선포

6】

7】

8】

9】

10】

11】

12】

하여 이르라 여호와께서 이르시되 배
역한 이스라엘아 돌아오라 나의 노한
얼굴을 너희에게로 향하지 아니하리
라 나는 긍휼이 있는 자라 노를 한없
이 품지 아니하느니라 여호와의 말씀
이니라
13 너는 오직 네 죄를 자복하라 이는 네
하나님 여호와를 배반하고 네 길로
달려 이방인들에게로 나아가 모든 푸
른 나무 아래로 가서 내 목소리를 듣
지 아니하였음이라 여호와의 말씀이
니라
14 여호와의 말씀이니라 배역한 자식들
아 돌아오라 나는 너희 남편임이라
내가 너희를 성읍에서 하나와 족속
중에서 둘을 택하여 너희를 시온으로
데려오겠고
15 내가 또 내 마음에 합한 목자들을 너
희에게 주리니 그들이 지식과 명철로
너희를 양육하리라
16 여호와의 말씀이니라 너희가 이 땅에
서 번성하여 많아질 때에는 사람들이
여호와의 언약궤를 다시는 말하지 아
니할 것이요 생각하지 아니할 것이요
기억하지 아니할 것이요 찾지 아니할
것이요 다시는 만들지 아니할 것이며
17 그 때에 예루살렘이 그들에게 여호와

13】

14】

15】

16】

17】

의 보좌라 일컬음이 되며 모든 백성
이 그리로 모이리니 곧 여호와의 이
름으로 말미암아 예루살렘에 모이고
다시는 그들의 악한 마음의 완악한
대로 그들이 행하지 아니할 것이며
18 그 때에 유다 족속이 이스라엘 족속
과 동행하여 북에서부터 나와서 내가
너희 조상들에게 기업으로 준 땅에
그들이 함께 이르리라

이스라엘의 배역

19 ○ 내가 말하기를 내가 어떻게 하든지
너를 자녀들 중에 두며 허다한 나라
들 중에 아름다운 기업인 이 귀한 땅
을 네게 주리라 하였고 내가 다시 말
하기를 너희가 나를 나의 아버지라 하
고 나를 떠나지 말 것이니라 하였노라
20 그런데 이스라엘 족속아 마치 아내가
그의 남편을 속이고 떠나감 같이 너
희가 확실히 나를 속였느니라 여호와
의 말씀이니라
21 소리가 헐벗은 산 위에서 들리니 곧
이스라엘 자손이 애곡하며 간구하는
것이라 그들이 그들의 길을 굽게 하
며 자기 하나님 여호와를 잊어버렸음
이로다
22 배역한 자식들아 돌아오라 내가 너희
의 배역함을 고치리라 하시니라

18】

19】

20】

21】

22】

진실한 회개

○ 보소서 우리가 주께 왔사오니 주
는 우리 하나님 여호와이심이니이다
23 작은 산들과 큰 산 위에서 떠드는 것
은 참으로 헛된 일이라 이스라엘의
구원은 진실로 우리 하나님 여호와께
있나이다
24 부끄러운 그것이 우리가 청년의 때로
부터 우리 조상들의 산업인 양 떼와
소 떼와 아들들과 딸들을 삼켰사온즉
25 우리는 수치 중에 눕겠고 우리의 치
욕이 우리를 덮을 것이니 이는 우리
와 우리 조상들이 청년의 때로부터
오늘까지 우리 하나님 여호와께 범죄
하여 우리 하나님 여호와의 목소리에
순종하지 아니하였음이니이다

23】

24】

25】

돌아오라고 하시다

4
1 여호와께서 이르시되 이스라엘아
네가 돌아오려거든 내게로 돌아오
라 네가 만일 나의 목전에서 가증한
것을 버리고 네가 흔들리지 아니하며
2 진실과 정의와 공의로 여호와의 삶을
두고 맹세하면 나라들이 나로 말미암
아 스스로 복을 빌며 나로 말미암아
자랑하리라
3 ○ 여호와께서 유다와 예루살렘 사람

1】

2】

3】

에게 이와 같이 이르노라 너희 묵은
땅을 갈고 가시덤불에 파종하지 말라
4 유다인과 예루살렘 주민들아 너희는
스스로 할례를 행하여 너희 마음 가
죽을 베고 나 여호와께 속하라 그리
하지 아니하면 너희 악행으로 말미암
아 나의 분노가 불 같이 일어나 사르
리니 그것을 끌 자가 없으리라

나라들을 멸하는 자가 나아오다

5 ○ 너희는 유다에 선포하며 예루살렘
에 공포하여 이르기를 이 땅에서 나팔
을 불라 하며 또 크게 외쳐 이르기를
너희는 모이라 우리가 견고한 성으로
들어가자 하고
6 시온을 향하여 깃발을 세우라, 도피하
라, 지체하지 말라, 내가 북방에서 재
난과 큰 멸망을 가져오리라
7 사자가 그 수풀에서 올라왔으며 나라
들을 멸하는 자가 나아 왔으되 네 땅
을 황폐하게 하려고 이미 그의 처소를
떠났은즉 네 성읍들이 황폐하여 주민
이 없게 되리니
8 이로 말미암아 너희는 굵은 베를 두
르고 애곡하라 이는 여호와의 맹렬한
노가 아직 너희에게서 돌이키지 아니
하였음이라
9 여호와의 말씀이니라 그 날에 왕과 지

4】

5】

6】

7】

8】

9】

도자들은 낙심할 것이며 제사장들은
놀랄 것이며 선지자들은 깜짝 놀라
리라
10 ○ 내가 이르되 슬프도소이다 주 여
호와여 주께서 진실로 이 백성과 예
루살렘을 크게 속이셨나이다 이르시
기를 너희에게 평강이 있으리라 하시
더니 칼이 생명에 이르렀나이다

백성에게 심판을 행하리라

11 ○ 그 때에 이 백성과 예루살렘에 전
할 자가 있어서 뜨거운 바람이 광야
에 있는 헐벗은 산에서 내 딸 백성에
게 불어온다 하리라 이는 키질하기
위함도 아니요 정결하게 하려 함도
아니며
12 이보다 더 강한 바람이 나를 위하여
오리니 이제 내가 그들에게 심판을
행할 것이라
13 보라 그가 구름 같이 올라오나니 그
의 병거는 회오리바람 같고 그의 말
들은 독수리보다 빠르도다 우리에게
화 있도다 우리는 멸망하도다 하리라
14 예루살렘아 네 마음의 악을 씻어 버
리라 그리하면 구원을 얻으리라 네
악한 생각이 네 속에 얼마나 오래 머
물겠느냐
15 단에서 소리를 선포하며 에브라임 산

10】

11】

12】

13】

14】

15】

에서 재앙을 공포하는도다
16 너희는 여러 나라에 전하며 또 예루
살렘에 알리기를 에워싸고 치는 자들
이 먼 땅에서부터 와서 유다 성읍들
을 향하여 소리를 지른다 하라
17 그들이 밭을 지키는 자 같이 예루살렘
을 에워싸나니 이는 그가 나를 거역했
기 때문이니라 여호와의 말씀이니라
18 네 길과 행위가 이 일들을 부르게 하
였나니 이는 네가 악함이라 그 고통
이 네 마음에까지 미치느니라

선지자의 탄식

19 ○ 슬프고 아프다 내 마음속이 아프
고 내 마음이 답답하여 잠잠할 수 없
으니 이는 나의 심령이 나팔 소리와
전쟁의 경보를 들음이로다
20 패망에 패망이 연속하여 온 땅이 탈
취를 당하니 나의 장막과 휘장은 갑
자기 파멸되도다
21 내가 저 깃발을 보며 나팔 소리 듣기
를 어느 때까지 할꼬
22 내 백성은 나를 알지 못하는 어리석
은 자요 지각이 없는 미련한 자식이
라 악을 행하기에는 지각이 있으나
선을 행하기에는 무지하도다

혼돈의 환상

23 ○ 보라 내가 땅을 본즉 혼돈하고 공

16】

17】

18】

19】

20】

21】

22】

23】

허하며 하늘에는 빛이 없으며
24 내가 산들을 본즉 다 진동하며 작은
산들도 요동하며
25 내가 본즉 사람이 없으며 공중의 새
가 다 날아갔으며
26 보라 내가 본즉 좋은 땅이 황무지가
되었으며 그 모든 성읍이 여호와의 앞
그의 맹렬한 진노 앞에 무너졌으니
27 여호와께서 이와 같이 말씀하시길 이
온 땅이 황폐할 것이나 내가 진멸하
지는 아니할 것이며
28 이로 말미암아 땅이 슬퍼할 것이며
위의 하늘이 어두울 것이라 내가 이
미 말하였으며 작정하였고 후회하지
아니하였은즉 또한 거기서 돌이키지
아니하리라 하셨음이로다
29 기병과 활 쏘는 자의 함성으로 말미
암아 모든 성읍 사람들이 도망하여
수풀에 들어가고 바위에 기어오르며
각 성읍이 버림을 당하여 거기 사는
사람이 없나니
30 멸망을 당한 자여 네가 어떻게 하려
느냐 네가 붉은 옷을 입고 금장식으로
단장하고 눈을 그려 꾸밀지라도 네가
화장한 것이 헛된 일이라 연인들이 너
를 멸시하여 네 생명을 찾느니라
31 내가 소리를 들은즉 여인의 해산하는

24】

25】

26】

27】

28】

29】

30】

31】

소리 같고 초산하는 자의 고통하는
소리 같으니 이는 시온의 딸의 소리
라 그가 헐떡이며 그의 손을 펴고 이
르기를 내게 화가 있도다 죽이는 자
로 말미암아 나의 심령이 피곤하도다
하는도다

예루살렘의 허물과 반역

5

1 너희는 예루살렘 거리로 빨리 다니
며 그 넓은 거리에서 찾아보고 알
라 너희가 만일 정의를 행하며 진리를
구하는 자를 한 사람이라도 찾으면 내
가 이 성읍을 용서하리라
2 그들이 여호와께서 살아 계심을 두고
맹세할지라도 실상은 거짓 맹세니라
3 여호와여 주의 눈이 진리를 찾지 아
니하시나이까 주께서 그들을 치셨을
지라도 그들이 아픈 줄을 알지 못하
며 그들을 멸하셨을지라도 그들이 징
계를 받지 아니하고 그들의 얼굴을 바
위보다 굳게 하여 돌아오기를 싫어하
므로
4 내가 말하기를 이 무리는 비천하고 어
리석은 것뿐이라 여호와의 길, 자기
하나님의 법을 알지 못하니
5 내가 지도자들에게 가서 그들에게 말
하리라 그들은 여호와의 길, 자기 하

1】

2】

3】

4】

5】

나님의 법을 안다 하였더니 그들도 일
제히 멍에를 꺾고 결박을 끊은지라
6 그러므로 수풀에서 나오는 사자가 그
들을 죽이며 사막의 이리가 그들을 멸
하며 표범이 성읍들을 엿본즉 그리로
나오는 자마다 찢기리니 이는 그들의
허물이 많고 반역이 심함이니이다
7 ○ 내가 어찌 너를 용서하겠느냐 네
자녀가 나를 버리고 신이 아닌 것들
로 맹세하였으며 내가 그들을 배불리
먹인즉 그들이 간음하며 창기의 집에
허다히 모이며
8 그들은 두루 다니는 살진 수말 같이
각기 이웃의 아내를 따르며 소리지르
는도다
9 여호와의 말씀이니라 내가 어찌 이 일
들에 대하여 벌하지 아니하겠으며 내
마음이 이런 나라에 보복하지 않겠
느냐

여호와께서 백성을 버리시다

10 ○ 너희는 그 성벽에 올라가 무너뜨
리되 다 무너뜨리지 말고 그 가지만
꺾어 버리라 여호와의 것이 아님이
니라
11 여호와의 말씀이니라 이스라엘의 집
과 유다의 집이 내게 심히 반역하였
느니라

6】

7】

8】

9】

10】

11】

12 그들이 여호와를 인정하지 아니하며
말하기를 여호와께서는 계시지 아니
하니 재앙이 우리에게 임하지 아니할
것이요 우리가 칼과 기근을 보지 아
니할 것이며
13 선지자들은 바람이라 말씀이 그들의
속에 있지 아니한즉 그같이 그들이
당하리라 하느니라
14 ○ 그러므로 만군의 하나님 여호와
께서 이와 같이 말씀하시니라 너희
가 이 말을 하였은즉 볼지어다 내가
네 입에 있는 나의 말을 불이 되게 하
고 이 백성을 나무가 되게 하여 불사
르리라
15 여호와의 말씀이니라 이스라엘 집이
여 보라 내가 한 나라를 먼 곳에서 너
희에게로 오게 하리니 곧 강하고 오랜
민족이라 그 나라 말을 네가 알지 못
하며 그 말을 네가 깨닫지 못하느니라
16 그 화살통은 열린 무덤이요 그 사람
들은 다 용사라
17 그들이 네 자녀들이 먹을 추수 곡물
과 양식을 먹으며 네 양 떼와 소 떼를
먹으며 네 포도나무와 무화과나무 열
매를 먹으며 네가 믿는 견고한 성들
을 칼로 파멸하리라
18 여호와의 말씀이니라 그 때에도 내가

12】

13】

14】

15】

16】

17】

18】

너희를 진멸하지는 아니하리라

19 ○ 그들이 만일 이르기를 우리 하나
님 여호와께서 어찌하여 이 모든 일
을 우리에게 행하셨느냐 하거든 너는
그들에게 이르기를 너희가 여호와를
버리고 너희 땅에서 이방 신들을 섬
겼은즉 이와 같이 너희 것이 아닌 땅
에서 이방인들을 섬기리라 하라

19】

여호와께서 백성에게 이르시다

20 ○ 너는 이를 야곱 집에 선포하며 유
다에 공포하여 이르기를

20】

21 어리석고 지각이 없으며 눈이 있어도
보지 못하며 귀가 있어도 듣지 못하
는 백성이여 이를 들을지어다

21】

22 여호와의 말씀이니라 너희가 나를 두
려워하지 아니하느냐 내 앞에서 떨지
아니하겠느냐 내가 모래를 두어 바다
의 한계를 삼되 그것으로 영원한 한
계를 삼고 지나치지 못하게 하였으므
로 파도가 거세게 이나 그것을 이기
지 못하며 뛰노나 그것을 넘지 못하
느니라

22】

23 그러나 너희 백성은 배반하며 반역하
는 마음이 있어서 이미 배반하고 갔
으며

23】

24 또 너희 마음으로 우리에게 이른 비
와 늦은 비를 때를 따라 주시며 우리

24】

를 위하여 추수 기한을 정하시는 우
리 하나님 여호와를 경외하자 말하지
도 아니하니
25 너희 허물이 이러한 일들을 물리쳤고 25】
너희 죄가 너희로부터 좋은 것을 막
았느니라
26 내 백성 가운데 악인이 있어서 새 사 26】
냥꾼이 매복함 같이 지키며 덫을 놓
아 사람을 잡으며
27 새장에 새들이 가득함 같이 너희 집 27】
들에 속임이 가득하도다 그러므로 너
희가 번창하고 거부가 되어
28 살지고 윤택하며 또 행위가 심히 악 28】
하여 자기 이익을 얻으려고 송사 곧
고아의 송사를 공정하게 하지 아니하
며 빈민의 재판을 공정하게 판결하지
아니하니
29 내가 이 일들에 대하여 벌하지 아니 29】
하겠으며 내 마음이 이같은 나라에
보복하지 아니하겠느냐 여호와의 말
씀이니라
30 ○ 이 땅에 무섭고 놀라운 일이 있 30】
도다
31 선지자들은 거짓을 예언하며 제사장 31】
들은 자기 권력으로 다스리며 내 백
성은 그것을 좋게 여기니 마지막에는
너희가 어찌하려느냐

벌 받을 성 예루살렘

6

1 베냐민 자손들아 예루살렘 가운데
로부터 피난하라 드고아에서 나팔
을 불고 벧학게렘에서 깃발을 들라
재앙과 큰 파멸이 북방에서 엿보아
옴이니라
2 아름답고 우아한 시온의 딸을 내가
멸절하리니
3 목자들이 그 양 떼를 몰고 와서 주위
에 자기 장막을 치고 각기 그 처소에
서 먹이리로다
4 너희는 그를 칠 준비를 하라 일어나
라 우리가 정오에 올라가자 아하 아깝
다 날이 기울어 저녁 그늘이 길었구나
5 일어나라 우리가 밤에 올라가서 그
요새들을 헐자 하도다
6 만군의 여호와께서 이와 같이 말하노
라 너희는 나무를 베어서 예루살렘을
향하여 목책을 만들라 이는 벌 받을
성이라 그 중에는 오직 포학한 것뿐
이니라
7 샘이 그 물을 솟구쳐냄 같이 그가 그
악을 드러내니 폭력과 탈취가 거기에
서 들리며 질병과 살상이 내 앞에 계
속하느니라
8 예루살렘아 너는 훈계를 받으라 그리
하지 아니하면 내 마음이 너를 싫어

1】

2】

3】

4】

5】

6】

7】

8】

하고 너를 황폐하게 하여 주민이 없
는 땅으로 만들리라

벌 받을 백성

9 ○ 만군의 여호와께서 이와 같이 말
씀하시되 포도를 따듯이 그들이 이
스라엘의 남은 자를 말갛게 주우리라
너는 포도 따는 자처럼 네 손을 광주
리에 자주자주 놀리라 하시나니
10 내가 누구에게 말하며 누구에게 경책
하여 듣게 할꼬 보라 그 귀가 할례를
받지 못하였으므로 듣지 못하는도다
보라 여호와의 말씀을 그들이 자신들
에게 욕으로 여기고 이를 즐겨 하지
아니하니
11 그러므로 여호와의 분노가 내게 가
득하여 참기 어렵도다 그것을 거리에
있는 아이들과 모인 청년들에게 부으
리니 남편과 아내와 나이 든 사람과
늙은이가 다 잡히리로다
12 내가 그 땅 주민에게 내 손을 펼 것
인즉 그들의 집과 밭과 아내가 타인
의 소유로 이전되리라 여호와의 말씀
이니라
13 이는 그들이 가장 작은 자로부터 큰
자까지 다 탐욕을 부리며 선지자로부
터 제사장까지 다 거짓을 행함이라
14 그들이 내 백성의 상처를 가볍게 여

9】

10】

11】

12】

13】

14】

기면서 말하기를 평강하다 평강하다
하나 평강이 없도다
15 그들이 가증한 일을 행할 때에 부끄
러워하였느냐 아니라 조금도 부끄러
워 하지 않을 뿐 아니라 얼굴도 붉어
지지 않았느니라 그러므로 그들이 엎
드러지는 자와 함께 엎드러질 것이라
내가 그들을 벌하리니 그 때에 그들이
거꾸러지리라 여호와의 말씀이니라

선한 길로 가지 아니하다

16 ○ 여호와께서 이와 같이 말씀하시
되 너희는 길에 서서 보며 옛적 길 곧
선한 길이 어디인지 알아보고 그리
로 가라 너희 심령이 평강을 얻으리
라 하나 그들의 대답이 우리는 그리
로 가지 않겠노라 하였으며
17 내가 또 너희 위에 파수꾼을 세웠으니
나팔 소리를 들으라 하나 그들의 대
답이 우리는 듣지 않겠노라 하였도다
18 그러므로 너희 나라들아 들으라 무리
들아 그들이 당할 일을 알라
19 땅이여 들으라 내가 이 백성에게 재
앙을 내리리니 이것이 그들의 생각의
결과라 그들이 내 말을 듣지 아니하
며 내 율법을 거절하였음이니라
20 시바에서 유향과 먼 곳에서 향품을
내게로 가져옴은 어찌함이냐 나는 그

15】

16】

17】

18】

19】

20】

들의 번제를 받지 아니하며 그들의
희생제물을 달게 여기지 않노라
21 그러므로 여호와께서 이와 같이 말씀
하시니라 보라 내가 이 백성 앞에 장
애물을 두리니 아버지와 아들들이 함
께 거기에 걸려 넘어지며 이웃과 그
의 친구가 함께 멸망하리라

북방에서 쳐들어 오는 민족

22 ○ 여호와께서 이와 같이 말씀하시되
보라 한 민족이 북방에서 오며 큰 나
라가 땅 끝에서부터 떨쳐 일어나나니
23 그들은 활과 창을 잡았고 잔인하여
사랑이 없으며 그 목소리는 바다처럼
포효하는 소리라 그들이 말을 타고
전사 같이 다 대열을 벌이고 시온의
딸인 너를 치려 하느니라 하시도다
24 우리가 그 소문을 들었으므로 손이
약하여졌고 고통이 우리를 잡았으므
로 그 아픔이 해산하는 여인 같도다
25 너희는 밭에도 나가지 말라 길로도
다니지 말라 원수의 칼이 있고 사방
에 두려움이 있음이라
26 딸 내 백성이 굵은 베를 두르고 재에
서 구르며 독자를 잃음 같이 슬퍼하
며 통곡할지어다 멸망시킬 자가 갑자
기 우리에게 올 것임이라
27 ○ 내가 이미 너를 내 백성 중에 망대

21】

22】

23】

24】

25】

26】

27】

와 요새로 삼아 그들의 길을 알고 살
피게 하였노라
28 그들은 다 심히 반역한 자며 비방하
며 돌아다니는 자며 그들은 놋과 철
이며 다 사악한 자라
29 풀무불을 맹렬히 불면 그 불에 납이
살라져서 단련하는 자의 일이 헛되게
되느니라 이와 같이 악한 자가 제거
되지 아니하나니
30 사람들이 그들을 내버린 은이라 부르
게 될 것은 여호와께서 그들을 버렸
음이라

28】

29】

30】

여호와의 말씀을 들으라

7
1 여호와께로부터 예레미야에게 말
씀이 임하니라 이르시되
2 너는 여호와의 집 문에 서서 이 말을
선포하여 이르기를 여호와께 예배하
러 이 문으로 들어가는 유다 사람들
아 여호와의 말씀을 들으라
3 만군의 여호와 이스라엘의 하나님께
서 이와 같이 말씀하시되 너희 길과
행위를 바르게 하라 그리하면 내가
너희로 이 곳에 살게 하리라
4 너희는 이것이 여호와의 성전이라, 여
호와의 성전이라, 여호와의 성전이라
하는 거짓말을 믿지 말라

1】

2】

3】

4】

5 너희가 만일 길과 행위를 참으로 바
르게 하여 이웃들 사이에 정의를 행
하며
6 이방인과 고아와 과부를 압제하지 아
니하며 무죄한 자의 피를 이 곳에서
흘리지 아니하며 다른 신들 뒤를 따
라 화를 자초하지 아니하면
7 내가 너희를 이 곳에 살게 하리니 곧
너희 조상에게 영원무궁토록 준 땅에
니라
8 ○ 보라 너희가 무익한 거짓말을 의
존하는도다
9 너희가 도둑질하며 살인하며 간음하
며 거짓 맹세하며 바알에게 분향하며
너희가 알지 못하는 다른 신들을 따
르면서
10 내 이름으로 일컬음을 받는 이 집에
들어와서 내 앞에 서서 말하기를 우
리가 구원을 얻었나이다 하느냐 이는
이 모든 가증한 일을 행하려 함이로다
11 내 이름으로 일컬음을 받는 이 집이
너희 눈에는 도둑의 소굴로 보이느냐
보라 나 곧 내가 그것을 보았노라 여
호와의 말씀이니라
12 ○ 너희는 내가 처음으로 내 이름을
둔 처소 실로에 가서 내 백성 이스라
엘의 악에 대하여 내가 어떻게 행하

5】

6】

7】

8】

9】

10】

11】

12】

였는지를 보라
13 여호와의 말씀이니라 이제 너희가 그
모든 일을 행하였으며 내가 너희에게
말하되 새벽부터 부지런히 말하여도
듣지 아니하였고 너희를 불러도 대답
하지 아니하였느니라
14 그러므로 내가 실로에 행함 같이 너
희가 신뢰하는 바 내 이름으로 일컬
음을 받는 이 집 곧 너희와 너희 조상
들에게 준 이 곳에 행하겠고
15 내가 너희 모든 형제 곧 에브라임 온
자손을 쫓아낸 것 같이 내 앞에서 너
희를 쫓아내리라 하셨다 할지니라

여호와를 순종하지 아니하는 백성

16 ○ 그런즉 너는 이 백성을 위하여 기
도하지 말라 그들을 위하여 부르짖어
구하지 말라 내게 간구하지 말라 내
가 네게서 듣지 아니하리라
17 너는 그들이 유다 성읍들과 예루살렘
거리에서 행하는 일을 보지 못하느냐
18 자식들은 나무를 줍고 아버지들은 불
을 피우며 부녀들은 가루를 반죽하여
하늘의 여왕을 위하여 과자를 만들며
그들이 또 다른 신들에게 전제를 부
음으로 나의 노를 일으키느니라
19 여호와의 말씀이니라 그들이 나를 격
노하게 함이냐 자기 얼굴에 부끄러움

13】

14】

15】

16】

17】

18】

19】

년 월 일

을 자취함이 아니냐
20 그러므로 주 여호와께서 이와 같이
말씀하시니라 보라 나의 진노와 분노
를 이 곳과 사람과 짐승과 들나무와
땅의 소산에 부으리니 불 같이 살라
지고 꺼지지 아니하리라 하시니라
21 ○ 만군의 여호와 이스라엘의 하나님
께서 이와 같이 말씀하시되 너희 희
생제물과 번제물의 고기를 아울러 먹
으라
22 사실은 내가 너희 조상들을 애굽 땅
에서 인도하여 낸 날에 번제나 희생
에 대하여 말하지 아니하며 명령하지
아니하고
23 오직 내가 이것을 그들에게 명령하여
이르기를 너희는 내 목소리를 들으라
그리하면 나는 너희 하나님이 되겠고
너희는 내 백성이 되리라 너희는 내
가 명령한 모든 길로 걸어가라 그리
하면 복을 받으리라 하였으나
24 그들이 순종하지 아니하며 귀를 기울
이지도 아니하고 자신들의 악한 마음
의 꾀와 완악한 대로 행하여 그 등을
내게로 돌리고 그 얼굴을 향하지 아
니하였으며
25 너희 조상들이 애굽 땅에서 나온 날
부터 오늘까지 내가 내 종 선지자들

20】

21】

22】

23】

24】

25】

을 너희에게 보내되 끊임없이 보내었
으나
26 너희가 나에게 순종하지 아니하며 귀
를 기울이지 아니하고 목을 굳게 하
여 너희 조상들보다 악을 더 행하였
느니라
27 ○ 네가 그들에게 이 모든 말을 할지
라도 그들이 너에게 순종하지 아니할
것이요 네가 그들을 불러도 그들이
네게 대답하지 아니하리니
28 너는 그들에게 말하기를 너희는 너희
하나님 여호와의 목소리를 순종하지
아니하며 교훈을 받지 아니하는 민족
이라 진실이 없어져 너희 입에서 끊
어졌다 할지니라

도벳 사당을 건축

29 ○ 너의 머리털을 베어 버리고 벗은
산 위에서 통곡할지어다 여호와께서
그 노하신 바 이 세대를 끊어 버리셨
음이라
30 여호와께서 말씀하시되 유다 자손이
나의 눈 앞에 악을 행하여 내 이름으
로 일컬음을 받는 집에 그들의 가증
한 것을 두어 집을 더럽혔으며
31 힌놈의 아들 골짜기에 도벳 사당을
건축하고 그들의 자녀들을 불에 살
랐나니 내가 명령하지 아니하였고 내

26】

27】

28】

29】

30】

31】

마음에 생각하지도 아니한 일이니라
32 그러므로 여호와께서 말씀하시니라
날이 이르면 이 곳을 도벳이라 하거
나 힌놈의 아들의 골짜기라 말하지
아니하고 죽임의 골짜기라 말하리니
이는 도벳에 자리가 없을 만큼 매장
했기 때문이니라
33 이 백성의 시체가 공중의 새와 땅의
짐승의 밥이 될 것이나 그것을 쫓을
자가 없을 것이라
34 그 때에 내가 유다 성읍들과 예루살
렘 거리에 기뻐하는 소리, 즐거워하는
소리, 신랑의 소리, 신부의 소리가 끊
어지게 하리니 땅이 황폐하리라

32】

33】

34】

8

1 여호와의 말씀이니라 그 때에 사람
들이 유다 왕들의 뼈와 그의 지도
자들의 뼈와 제사장들의 뼈와 선지자
들의 뼈와 예루살렘 주민의 뼈를 그
무덤에서 끌어내어
2 그들이 사랑하며 섬기며 뒤따르며 구
하며 경배하던 해와 달과 하늘의 뭇
별 아래에서 펼쳐지게 하리니 그 뼈
가 거두이거나 묻히지 못하여 지면에
서 분토 같을 것이며
3 이 악한 민족의 남아 있는 자, 무릇 내
게 쫓겨나서 각처에 남아 있는 자들

1】

2】

3】

이 사는 것보다 죽는 것을 원하리라
만군의 여호와의 말씀이니라

죄와 벌

4 ○ 너는 또 그들에게 말하기를 여호
와의 말씀에 사람이 엎드러지면 어찌
일어나지 아니하겠으며 사람이 떠나
갔으면 어찌 돌아오지 아니하겠느냐
5 이 예루살렘 백성이 항상 나를 떠나
물러감은 어찌함이냐 그들이 거짓을
고집하고 돌아오기를 거절하도다
6 내가 귀를 기울여 들은즉 그들이 정
직을 말하지 아니하며 그들의 악을 뉘
우쳐서 내가 행한 것이 무엇인고 말
하는 자가 없고 전쟁터로 향하여 달
리는 말 같이 각각 그 길로 행하도다
7 공중의 학은 그 정한 시기를 알고 산
비둘기와 제비와 두루미는 그들이 올
때를 지키거늘 내 백성은 여호와의
규례를 알지 못하도다
8 ○ 너희가 어찌 우리는 지혜가 있고
우리에게는 여호와의 율법이 있다 말
하겠느냐 참으로 서기관의 거짓의 붓
이 거짓되게 하였나니
9 지혜롭다 하는 자들은 부끄러움을 당
하며 두려워 떨다가 잡히리라 보라
그들이 여호와의 말을 버렸으니 그들
에게 무슨 지혜가 있으랴

4】

5】

6】

7】

8】

9】

10 그러므로 내가 그들의 아내를 타인에
게 주겠고 그들의 밭을 그 차지할 자
들에게 주리니 그들은 가장 작은 자
로부터 큰 자까지 다 욕심내며 선지
자로부터 제사장까지 다 거짓을 행함
이라
11 그들이 딸 내 백성의 상처를 가볍게
여기면서 말하기를 평강하다, 평강하
다 하나 평강이 없도다
12 그들이 가증한 일을 행할 때에 부끄
러워하였느냐 아니라 조금도 부끄러
워 하지 않을 뿐 아니라 얼굴도 붉어
지지 아니하였느니라 그러므로 그들
이 엎드러질 자와 함께 엎드러질 것
이라 내가 그들을 벌할 때에 그들이
거꾸러지리라 여호와의 말씀이니라
13 ○ 여호와의 말씀이니라 내가 그들을
진멸하리니 포도나무에 포도가 없을
것이며 무화과나무에 무화과가 없을
것이며 그 잎사귀가 마를 것이라 내
가 그들에게 준 것이 없어지리라 하
셨나니
14 우리가 어찌 가만히 앉았으랴 모일지
어다 우리가 견고한 성읍들로 들어가
서 거기에서 멸망하자 우리가 여호와
께 범죄하였으므로 우리 하나님 여호
와께서 우리를 멸하시며 우리에게 독

10】

11】

12】

13】

14】

한 물을 마시게 하심이니라
15 우리가 평강을 바라나 좋은 것이 없
으며 고침을 입을 때를 바라나 놀라
움뿐이로다
16 그 말의 부르짖음이 단에서부터 들리
고 그 준마들이 우는 소리에 온 땅이
진동하며 그들이 이르러 이 땅과 그 소
유와 성읍과 그 중의 주민을 삼켰도다
17 여호와의 말씀이니라 내가 술법으로
도 제어할 수 없는 뱀과 독사를 너희
가운데 보내리니 그것들이 너희를 물
리라 하시도다

선지자의 번뇌

18 ○ 슬프다 나의 근심이여 어떻게 위
로를 받을 수 있을까 내 마음이 병들
었도다
19 딸 내 백성의 심히 먼 땅에서 부르짖
는 소리로다 여호와께서 시온에 계시
지 아니한가, 그의 왕이 그 가운데 계
시지 아니한가 그들이 어찌하여 그
조각한 신상과 이방의 헛된 것들로
나를 격노하게 하였는고 하시니
20 추수할 때가 지나고 여름이 다하였으
나 우리는 구원을 얻지 못한다 하는
도다
21 딸 내 백성이 상하였으므로 나도 상
하여 슬퍼하며 놀라움에 잡혔도다

15】

16】

17】

18】

19】

20】

21】

22 길르앗에는 유향이 있지 아니한가 그
곳에는 의사가 있지 아니한가 딸 내
백성이 치료를 받지 못함은 어찌 됨
인고

22】

9

1 어찌하면 내 머리는 물이 되고 내
눈은 눈물 근원이 될꼬 죽임을 당
한 딸 내 백성을 위하여 주야로 울리
로다
2 내가 광야에서 나그네가 머무를 곳을
얻는다면 내 백성을 떠나 가리니 그
들은 다 간음하는 자요 반역한 자의
무리가 됨이로다
3 여호와의 말씀이니라 그들이 활을 당
김 같이 그들의 혀를 놀려 거짓을 말
하며 그들이 이 땅에서 강성하나 진
실하지 아니하고 악에서 악으로 진행
하며 또 나를 알지 못하느니라
4 너희는 각기 이웃을 조심하며 어떤
형제든지 믿지 말라 형제마다 완전히
속이며 이웃마다 다니며 비방함이라
5 그들은 각기 이웃을 속이며 진실을
말하지 아니하며 그들의 혀로 거짓말
하기를 가르치며 악을 행하기에 지치
거늘
6 네가 사는 곳이 속이는 일 가운데 있
도다 그들은 속이는 일로 말미암아

1】

2】

3】

4】

5】

6】

나를 알기를 싫어하느니라 여호와의
말씀이니라
7 ○ 그러므로 만군의 여호와께서 이와
같이 말씀하시되 보라 내가 내 딸 백
성을 어떻게 처치할꼬 그들을 녹이고
연단하리라
8 그들의 혀는 죽이는 화살이라 거짓을
말하며 입으로는 그 이웃에게 평화를
말하나 마음으로는 해를 꾸미는도다
9 내가 이 일들로 말미암아 그들에게
벌하지 아니하겠으며 내 마음이 이런
나라에 보복하지 않겠느냐 여호와의
말씀이니라
10 ○ 내가 산들을 위하여 울며 부르짖
으며 광야 목장을 위하여 슬퍼하나니
이는 그것들이 불에 탔으므로 지나는
자가 없으며 거기서 가축의 소리가
들리지 아니하며 공중의 새도 짐승도
다 도망하여 없어졌음이라
11 내가 예루살렘을 무더기로 만들며 승
냥이 굴이 되게 하겠고 유다의 성읍
들을 황폐하게 하여 주민이 없게 하
리라
12 ○ 지혜가 있어서 이 일을 깨달을 만
한 자가 누구며 여호와의 입의 말씀을
받아서 선포할 자가 누구인고 이 땅이
어찌하여 멸망하여 광야 같이 불타서

7】

8】

9】

10】

11】

12】

지나가는 자가 없게 되었느냐
13 여호와께서 말씀하시되 이는 그들이
내가 그들의 앞에 세운 나의 율법을
버리고 내 목소리를 순종하지 아니하
며 그대로 행하지 아니하고
14 그 마음의 완악함을 따라 그 조상들
이 자기에게 가르친 바알들을 따랐음
이라
15 그러므로 만군의 여호와 이스라엘의
하나님께서 이와 같이 말씀하시니라
보라 내가 그들 곧 이 백성에게 쑥을
먹이며 독한 물을 마시게 하고
16 그들과 그들의 조상이 알지 못하던
여러 나라 가운데에 그들을 흩어 버
리고 진멸되기까지 그 뒤로 칼을 보
내리라 하셨느니라

사랑과 정의와 공의를 행하시는 여호와

17 ○ 만군의 여호와께서 이와 같이 말
씀하시되 너희는 잘 생각해 보고 곡
하는 부녀를 불러오며 또 사람을 보
내 지혜로운 부녀를 불러오되
18 그들로 빨리 와서 우리를 위하여 애
곡하여 우리의 눈에서 눈물이 떨어지
게 하며 우리 눈꺼풀에서 물이 쏟아
지게 하라
19 이는 시온에서 통곡하는 소리가 들리
기를 우리가 아주 망하였구나 우리가

13】

14】

15】

16】

17】

18】

19】

크게 부끄러움을 당하였구나 우리가
그 땅을 떠난 것은 그들이 우리 거처
를 헐었음이로다 함이로다
20 부녀들이여 여호와의 말씀을 들으라
너희 귀에 그 입의 말씀을 받으라 너
희 딸들에게 애곡하게 하고 각기 이
웃에게 슬픈 노래를 가르치라
21 무릇 사망이 우리 창문을 통하여 넘
어 들어오며 우리 궁실에 들어오며
밖에서는 자녀들을 거리에서는 청년
들을 멸절하려 하느니라
22 너는 이같이 말하라 여호와의 말씀에
사람의 시체가 분토 같이 들에 떨어
질 것이며 추수하는 자의 뒤에 버려
져 거두지 못한 곡식단 같이 되리라
하셨느니라
23 ○ 여호와께서 이와 같이 말씀하시되
지혜로운 자는 그의 지혜를 자랑하지
말라 용사는 그의 용맹을 자랑하지 말
라 부자는 그의 부함을 자랑하지 말라
24 자랑하는 자는 이것으로 자랑할지니
곧 명철하여 나를 아는 것과 나 여호
와는 사랑과 정의와 공의를 땅에 행하
는 자인 줄 깨닫는 것이라 나는 이 일
을 기뻐하노라 여호와의 말씀이니라
25 ○ 여호와의 말씀이니라 보라 날이
이르면 할례 받은 자와 할례 받지 못

20】

21】

22】

23】

24】

25】

한 자를 내가 다 벌하리니
26 곧 애굽과 유다와 에돔과 암몬 자손
과 모압과 및 광야에 살면서 살쩍을
깎은 자들에게라 무릇 모든 민족은
할례를 받지 못하였고 이스라엘은 마
음에 할례를 받지 못하였느니라 하셨
느니라

26】

우상의 가르침과 참 하나님 여호와

10
1 이스라엘 집이여 여호와께서 너희
에게 이르시는 말씀을 들을지어다
2 여호와께서 이와 같이 말씀하시되 여
러 나라의 길을 배우지 말라 이방 사
람들은 하늘의 징조를 두려워하거니
와 너희는 그것을 두려워하지 말라
3 여러 나라의 풍습은 헛된 것이니 삼
림에서 벤 나무요 기술공의 두 손이
도끼로 만든 것이라
4 그들이 은과 금으로 그것에 꾸미고
못과 장도리로 그것을 든든히 하여
흔들리지 않게 하나니
5 그것이 둥근 기둥 같아서 말도 못하
며 걸어다니지도 못하므로 사람이 메
어야 하느니라 그것이 그들에게 화를
주거나 복을 주지 못하나니 너희는
두려워하지 말라 하셨느니라
6 ○ 여호와여 주와 같은 이 없나이다

1】
2】
3】
4】
5】
6】

주는 크시니 주의 이름이 그 권능으
로 말미암아 크시니이다
7 이방 사람들의 왕이시여 주를 경외하
지 아니할 자가 누구리이까 이는 주
께 당연한 일이라 여러 나라와 여러
왕국들의 지혜로운 자들 가운데 주와
같은 이가 없음이니이다
8 그들은 다 무지하고 어리석은 것이니
우상의 가르침은 나무뿐이라
9 다시스에서 가져온 은박과 우바스에
서 가져온 금으로 꾸미되 기술공과
은장색의 손으로 만들었고 청색 자
색 옷을 입었나니 이는 정교한 솜씨
로 만든 것이거니와
10 오직 여호와는 참 하나님이시요 살아
계신 하나님이시요 영원한 왕이시라
그 진노하심에 땅이 진동하며 그 분
노하심을 이방이 능히 당하지 못하느
니라
11 ○ 너희는 이같이 그들에게 이르기를
천지를 짓지 아니한 신들은 땅 위에
서, 이 하늘 아래에서 망하리라 하라

만물의 조성자 만군의 여호와

12 ○ 여호와께서 그의 권능으로 땅을
지으셨고 그의 지혜로 세계를 세우셨
고 그의 명철로 하늘을 펴셨으며
13 그가 목소리를 내신즉 하늘에 많은 물

7】

8】

9】

10】

11】

12】

13】

이 생기나니 그는 땅 끝에서 구름이
오르게 하시며 비를 위하여 번개치게
하시며 그 곳간에서 바람을 내시거늘
14 사람마다 어리석고 무식하도다 은장
이마다 자기의 조각한 신상으로 말미
암아 수치를 당하나니 이는 그가 부
어 만든 우상은 거짓 것이요 그 속에
생기가 없음이라
15 그것들은 헛 것이요 망령되이 만든
것인즉 징벌하실 때에 멸망할 것이나
16 야곱의 분깃은 이같지 아니하시니 그
는 만물의 조성자요 이스라엘은 그의
기업의 지파라 그 이름은 만군의 여
호와시니라

백성의 탄식

17 ○ 에워싸인 가운데에 앉은 자여 네
짐 꾸러미를 이 땅에서 꾸리라
18 여호와께서 이와 같이 말씀하시되 보
라 내가 이 땅에 사는 자를 이번에는
내던질 것이라 그들을 괴롭게 하여
깨닫게 하리라 하셨느니라
19 ○ 슬프다 내 상처여 내가 중상을 당하
였도다 그러나 내가 말하노라 이는 참
으로 고난이라 내가 참아야 하리로다
20 내 장막이 무너지고 나의 모든 줄이
끊어졌으며 내 자녀가 나를 떠나가고
있지 아니하니 내 장막을 세울 자와

14】

15】

16】

17】

18】

19】

20】

내 휘장을 칠 자가 다시 없도다
21 목자들은 어리석어 여호와를 찾지 아
니하므로 형통하지 못하며 그 모든
양 떼는 흩어졌도다
22 들을지어다 북방에서부터 크게 떠드
는 소리가 들리니 유다 성읍들을 황
폐하게 하여 승냥이의 거처가 되게
하리로다
23 ○ 여호와여 내가 알거니와 사람의
길이 자신에게 있지 아니하니 걸음을
지도함이 걷는 자에게 있지 아니하니
이다
24 여호와여 나를 징계하옵시되 너그러
이 하시고 진노로 하지 마옵소서 주
께서 내가 없어지게 하실까 두려워하
나이다
25 주를 알지 못하는 이방 사람들과 주
의 이름으로 기도하지 아니하는 족속
들에게 주의 분노를 부으소서 그들은
야곱을 씹어 삼켜 멸하고 그의 거처
를 황폐하게 하였나이다 하니라

21】

22】

23】

24】

25】

여호와께서 이르신 언약의 말

11
1 여호와께로부터 예레미야에게 임
한 말씀이라 이르시되
2 너희는 이 언약의 말을 듣고 유다인
과 예루살렘 주민에게 말하라

1】

2】

3 그들에게 이르기를 이스라엘의 하나
님 여호와께서 이와 같이 말씀하시되
이 언약의 말을 따르지 않는 자는 저
주를 받을 것이니라
4 이 언약은 내가 너희 조상들을 쇠풀
무 애굽 땅에서 이끌어내던 날에 그
들에게 명령한 것이라 곧 내가 이르
기를 너희는 내 목소리를 순종하고
나의 모든 명령을 따라 행하라 그리
하면 너희는 내 백성이 되겠고 나는
너희의 하나님이 되리라
5 내가 또 너희 조상들에게 한 맹세는
그들에게 젖과 꿀이 흐르는 땅을 주
리라 한 언약을 이루리라 한 것인데
오늘이 그것을 증언하느니라 하라 하
시기로 내가 대답하여 이르되 아멘
여호와여 하였노라
6 ○ 여호와께서 내게 이르시되 너는
이 모든 말로 유다 성읍들과 예루살
렘 거리에서 선포하여 이르기를 너희
는 이 언약의 말을 듣고 지키라
7 내가 너희 조상들을 애굽 땅에서 인
도하여 낸 날부터 오늘까지 간절히
경계하며 끊임없이 경계하기를 너희
는 내 목소리를 순종하라 하였으나
8 그들이 순종하지 아니하며 귀를 기울
이지도 아니하고 각각 그 악한 마음의

3】

4】

5】

6】

7】

8】

완악한 대로 행하였으므로 내가 그들
에게 행하라 명령하였어도 그들이 행
하지 아니한 이 언약의 모든 규정대
로 그들에게 이루게 하였느니라 하라
9 ○ 여호와께서 또 내게 이르시되 유
다인과 예루살렘 주민 중에 반역이
있도다
10 그들이 내 말 듣기를 거절한 자기들
의 선조의 죄악으로 돌아가서 다른
신들을 따라 섬겼은즉 이스라엘 집과
유다 집이 내가 그들의 조상들과 맺
은 언약을 깨뜨렸도다
11 그러므로 나 여호와가 이와 같이 말
하노라 보라 내가 재앙을 그들에게
내리리니 그들이 피할 수 없을 것이
라 그들이 내게 부르짖을지라도 내가
듣지 아니할 것인즉
12 유다 성읍들과 예루살렘 주민이 그
분향하는 신들에게 가서 부르짖을지
라도 그 신들이 그 고난 가운데에서
절대로 그들을 구원하지 못하리라
13 유다야 네 신들이 네 성읍의 수와 같
도다 너희가 예루살렘 거리의 수대로
그 수치스러운 물건의 제단 곧 바알
에게 분향하는 제단을 쌓았도다
14 ○ 그러므로 너는 이 백성을 위하여
기도하지 말라 그들을 위하여 부르짖

9】
10】
11】
12】
13】
14】

거나 구하지 말라 그들이 그 고난으
로 말미암아 내게 부르짖을 때에 내
가 그들에게서 듣지 아니하리라
15 나의 사랑하는 자가 많은 악한 음모
를 꾸미더니 나의 집에서 무엇을 하
려느냐 거룩한 제물 고기로 네 재난
을 피할 수 있겠느냐 그 때에 네가 기
뻐하겠느냐
16 여호와께서는 그의 이름을 일컬어 좋
은 열매 맺는 아름다운 푸른 감람나
무라 하였었으나 큰 소동 중에 그 위
에 불을 피웠고 그 가지는 꺾였도다
17 바알에게 분향함으로 나의 노여움을
일으킨 이스라엘 집과 유다 집의 악
으로 말미암아 그를 심은 만군의 여
호와께서 그에게 재앙을 선언하셨느
니라

아나돗 사람들이 예레미야를 죽이려고 꾀하다

18 ○ 여호와께서 내게 알게 하셨으므로
내가 그것을 알았나이다 그 때에 주께
서 그들의 행위를 내게 보이셨나이다
19 나는 끌려서 도살 당하러 가는 순한
어린 양과 같으므로 그들이 나를 해하
려고 꾀하기를 우리가 그 나무와 열매
를 함께 박멸하자 그를 살아 있는 자
의 땅에서 끊어서 그의 이름이 다시
기억되지 못하게 하자 함을 내가 알

15】

16】

17】

18】

19】

지 못하였나이다
20 공의로 판단하시며 사람의 마음을 감
찰하시는 만군의 여호와여 나의 원통
함을 주께 아뢰었사오니 그들에게 대
한 주의 보복을 내가 보리이다 하였
더니
21 여호와께서 아나돗 사람들에 대하여
이와 같이 말씀하시되 그들이 네 생명
을 빼앗으려고 찾아 이르기를 너는 여
호와의 이름으로 예언하지 말라 두렵
건대 우리 손에 죽을까 하노라 하도다
22 그러므로 만군의 여호와께서 이와 같
이 말씀하시니라 보라 내가 그들을
벌하리니 청년들은 칼에 죽으며 자녀
들은 기근에 죽고
23 남는 자가 없으리라 내가 아나돗 사
람에게 재앙을 내리리니 곧 그들을
벌할 해에니라

20】

21】

22】

23】

예레미야의 질문

12 1 여호와여 내가 주와 변론할 때에는
주께서 의로우시니이다 그러나 내
가 주께 질문하옵나니 악한 자의 길
이 형통하며 반역한 자가 다 평안함
은 무슨 까닭이니이까
2 주께서 그들을 심으시므로 그들이 뿌
리가 박히고 장성하여 열매를 맺었거

1】

2】

늘 그들의 입은 주께 가까우나 그들
의 마음은 머니이다
3 여호와여 주께서 나를 아시고 나를
보시며 내 마음이 주를 향하여 어떠
함을 감찰하시오니 양을 잡으려고 끌
어냄과 같이 그들을 끌어내시되 죽일
날을 위하여 그들을 구별하옵소서
4 언제까지 이 땅이 슬퍼하며 온 지방
의 채소가 마르리이까 짐승과 새들
도 멸절하게 되었사오니 이는 이 땅
주민이 악하여 스스로 말하기를 그가
우리의 나중 일을 보지 못하리라 함
이니이다
5 ○ 만일 네가 보행자와 함께 달려도
피곤하면 어찌 능히 말과 경주하겠느
냐 네가 평안한 땅에서는 무사하려니
와 요단 강 물이 넘칠 때에는 어찌하
겠느냐
6 네 형제와 아버지의 집이라도 너를
속이며 네 뒤에서 크게 외치나니 그
들이 네게 좋은 말을 할지라도 너는
믿지 말지니라

황무지의 슬픔과 여호와의 분노

7 ○ 내가 내 집을 버리며 내 소유를 내
던져 내 마음으로 사랑하는 것을 그
원수의 손에 넘겼나니
8 내 소유가 숲속의 사자 같이 되어서

3】

4】

5】

6】

7】

8】

나를 향하여 그 소리를 내므로 내가
그를 미워하였음이로라
9 내 소유가 내게 대하여는 무늬 있는
매가 아니냐 매들이 그것을 에워싸지
아니하느냐 너희는 가서 들짐승들을
모아다가 그것을 삼키게 하라
10 많은 목자가 내 포도원을 헐며 내 몫
을 짓밟아서 내가 기뻐하는 땅을 황
무지로 만들었도다
11 그들이 이를 황폐하게 하였으므로 그
황무지가 나를 향하여 슬퍼하는도다
온 땅이 황폐함은 이를 마음에 두는
자가 없음이로다
12 파괴하는 자들이 광야의 모든 벗은
산 위에 이르렀고 여호와의 칼이 땅
이 끝에서 저 끝까지 삼키니 모든 육
체가 평안하지 못하도다
13 무리가 밀을 심어도 가시를 거두며 수
고하여도 소득이 없은즉 그 소산으로
말미암아 스스로 수치를 당하리니 이
는 여호와의 분노로 말미암음이니라

여호와의 악한 이웃에 대하여

14 ○ 내가 내 백성 이스라엘에게 기업
으로 준 소유에 손을 대는 나의 모든
악한 이웃에 대하여 여호와께서 이와
같이 말씀하시니라 보라 내가 그들을
그 땅에서 뽑아 버리겠고 유다 집을

9】

10】

11】

12】

13】

14】

그들 가운데서 뽑아 내리라
15 내가 그들을 뽑아 낸 후에 내가 돌이
켜 그들을 불쌍히 여겨서 각 사람을
그들의 기업으로, 각 사람을 그 땅으
로 다시 인도하리니
16 그들이 내 백성의 도를 부지런히 배
우며 살아 있는 여호와라는 내 이름
으로 맹세하기를 자기들이 내 백성을
가리켜 바알로 맹세하게 한 것 같이
하면 그들이 내 백성 가운데에 세움
을 입으려니와
17 그들이 순종하지 아니하면 내가 반드
시 그 나라를 뽑으리라 뽑아 멸하리
라 여호와의 말씀이니라

15】

16】

17】

허리띠

13

1 여호와께서 이와 같이 내게 이르
시되 너는 가서 베 띠를 사서 네 허
리에 띠고 물에 적시지 말라 하시기로
2 내가 여호와의 말씀대로 띠를 사서
내 허리에 띠니라
3 여호와의 말씀이 다시 내게 임하여
이르시되
4 너는 사서 네 허리에 띤 띠를 가지고
일어나 유브라데로 가서 거기서 그것
을 바위 틈에 감추라 하시기로
5 내가 여호와께서 내게 명령하신 대로

1】

2】

3】

4】

5】

가서 그것을 유브라데 물 가에 감추
니라
6 여러 날 후에 여호와께서 내게 이르
시되 일어나 유브라데로 가서 내가
네게 명령하여 거기 감추게 한 띠를
가져오라 하시기로
7 내가 유브라데로 가서 그 감추었던
곳을 파고 띠를 가져오니 띠가 썩어
서 쓸 수 없게 되었더라
8 ○ 여호와의 말씀이 내게 임하니라
이르시되
9 여호와께서 이와 같이 말씀하시니라
내가 유다의 교만과 예루살렘의 큰
교만을 이같이 썩게 하리라
10 이 악한 백성이 내 말 듣기를 거절하
고 그 마음의 완악한 대로 행하며 다
른 신들을 따라 그를 섬기며 그에게
절하니 그들이 이 띠가 쓸 수 없음 같
이 되리라
11 여호와의 말씀이니라 띠가 사람의 허
리에 속함 같이 내가 이스라엘 온 집
과 유다 온 집으로 내게 속하게 하여
그들로 내 백성이 되게 하며 내 이름
과 명예와 영광이 되게 하려 하였으
나 그들이 듣지 아니하였느니라

포도주 가죽부대

12 ○ 그러므로 너는 이 말로 그들에게

6】

7】

8】

9】

10】

11】

12】

이르기를 이스라엘의 하나님 여호와
의 말씀에 모든 가죽부대가 포도주로
차리라 하셨다 하라 그리하면 그들이
네게 이르기를 모든 가죽부대가 포도
주로 찰 줄을 우리가 어찌 알지 못하
리요 하리니
13 너는 다시 그들에게 이르기를 여호와
의 말씀에 보라 내가 이 땅의 모든 주
민과 다윗의 왕위에 앉은 왕들과 제
사장들과 선지자들과 예루살렘 모든
주민으로 잔뜩 취하게 하고
14 또 그들로 피차 충돌하여 상하게 하
되 부자 사이에도 그러하게 할 것이
라 내가 그들을 불쌍히 여기지 아니
하며 사랑하지 아니하며 아끼지 아니
하고 멸하리라 하셨다 하라 여호와의
말씀이니라

교만에 대한 경고

15 ○ 너희는 들을지어다, 귀를 기울일
지어다, 교만하지 말지어다, 여호와께
서 말씀하셨음이라
16 그가 어둠을 일으키시기 전, 너희 발
이 어두운 산에 거치기 전, 너희 바라
는 빛이 사망의 그늘로 변하여 침침
한 어둠이 되게 하시기 전에 너희 하
나님 여호와께 영광을 돌리라
17 너희가 이를 듣지 아니하면 나의 심

13】
14】
15】
16】
17】

령이 너희 교만으로 말미암아 은밀한
곳에서 울 것이며 여호와의 양 떼가
사로잡힘으로 말미암아 눈물을 흘려
통곡하리라
18 ○ 너는 왕과 왕후에게 전하기를 스
스로 낮추어 앉으라 관 곧 영광의 면
류관이 내려졌다 하라
19 네겝의 성읍들이 봉쇄되어 열 자가
없고 유다가 다 잡혀가되 온전히 잡
혀가도다
20 ○ 너는 눈을 들어 북방에서 오는 자
들을 보라 네게 맡겼던 양 떼, 네 아름
다운 양 떼는 어디 있느냐
21 너의 친구 삼았던 자를 그가 네 위에
우두머리로 세우실 때에 네가 무슨
말을 하겠느냐 네가 고통에 사로잡힘
이 산고를 겪는 여인 같지 않겠느냐
22 네가 마음으로 이르기를 어찌하여 이
런 일이 내게 닥쳤는고 하겠으나 네
죄악이 크므로 네 치마가 들리고 네
발뒤꿈치가 상함이니라
23 구스인이 그의 피부를, 표범이 그의
반점을 변하게 할 수 있느냐 할 수 있
을진대 악에 익숙한 너희도 선을 행
할 수 있으리라
24 그러므로 내가 그들을 사막 바람에
불려가는 검불 같이 흩으리로다

18】

19】

20】

21】

22】

23】

24】

25 여호와의 말씀이니라 이는 네 몫이요
내가 헤아려 정하여 네게 준 분깃이
니 네가 나를 잊어버리고 거짓을 신
뢰하는 까닭이라
26 그러므로 내가 네 치마를 네 얼굴에
까지 들춰서 네 수치를 드러내리라
27 내가 너의 간음과 사악한 소리와 들의
작은 산 위에서 네가 행한 음란과 음
행과 가증한 것을 보았노라 화 있을
진저 예루살렘이여 네가 얼마나 오랜
후에야 정결하게 되겠느냐 하시니라

25】

26】

27】

칼과 기근

14 1 가뭄에 대하여 예레미야에게 임한
여호와의 말씀이라
2 ○ 유다가 슬퍼하며 성문의 무리가
피곤하여 땅 위에서 애통하니 예루살
렘의 부르짖음이 위로 오르도다
3 귀인들은 자기 사환들을 보내어 물을
얻으려 하였으나 그들이 우물에 갔어
도 물을 얻지 못하여 빈 그릇으로 돌
아오니 부끄럽고 근심하여 그들의 머
리를 가리며
4 땅에 비가 없어 지면이 갈라지니 밭
가는 자가 부끄러워서 그의 머리를
가리는도다
5 들의 암사슴은 새끼를 낳아도 풀이

1】

2】

3】

4】

5】

없으므로 내버리며
6 들 나귀들은 벗은 산 위에 서서 승냥
이 같이 헐떡이며 풀이 없으므로 눈
이 흐려지는도다
7 ○ 여호와여 우리의 죄악이 우리에게
대하여 증언할지라도 주는 주의 이름
을 위하여 일하소서 우리의 타락함이
많으니이다 우리가 주께 범죄하였나
이다
8 이스라엘의 소망이시요 고난 당한 때
의 구원자시여 어찌하여 이 땅에서
거류하는 자 같이, 하룻밤을 유숙하
는 나그네 같이 하시나이까
9 어찌하여 놀란 자 같으시며 구원하지
못하는 용사 같으시니이까 여호와여
주는 그래도 우리 가운데 계시고 우
리는 주의 이름으로 일컬음을 받는
자이오니 우리를 버리지 마옵소서
10 ○ 여호와께서 이 백성에 대하여 이
와 같이 말씀하시되 그들이 어그러진
길을 사랑하여 그들의 발을 멈추지
아니하므로 여호와께서 그들을 받지
아니하고 이제 그들의 죄를 기억하시
고 그 죄를 벌하시리라 하시고
11 여호와께서 또 내게 이르시되 너는
이 백성을 위하여 복을 구하지 말라
12 그들이 금식할지라도 내가 그 부르짖

6】
7】
8】
9】
10】
11】
12】

음을 듣지 아니하겠고 번제와 소제를
드릴지라도 내가 그것을 받지 아니할
뿐 아니라 칼과 기근과 전염병으로
내가 그들을 멸하리라
13 ○ 이에 내가 말하되 슬프도소이다
주 여호와여 보시옵소서 선지자들이
그들에게 이르기를 너희가 칼을 보지
아니하겠고 기근은 너희에게 이르지
아니할 것이라 내가 이 곳에서 너희
에게 확실한 평강을 주리라 하나이다
14 여호와께서 내게 이르시되 선지자들
이 내 이름으로 거짓 예언을 하도다
나는 그들을 보내지 아니하였고 그들
에게 명령하거나 이르지 아니하였거
늘 그들이 거짓 계시와 점술과 헛된
것과 자기 마음의 거짓으로 너희에게
예언하는도다
15 그러므로 내가 보내지 아니하였어도
내 이름으로 예언하여 이르기를 칼과
기근이 이 땅에 이르지 아니하리라
하는 선지자들에 대하여 여호와께서
이와 같이 말씀하셨노라 그 선지자들
은 칼과 기근에 멸망할 것이요
16 그들의 예언을 받은 백성은 기근과
칼로 말미암아 예루살렘 거리에 던
짐을 당할 것인즉 그들을 장사할 자
가 없을 것이요 그들의 아내와 아들

13】

14】

15】

16】

과 딸이 그렇게 되리니 이는 내가 그
들의 악을 그 위에 부음이니라
17 너는 이 말로 그들에게 이르라 내 눈
이 밤낮으로 그치지 아니하고 눈물을
흘리리니 이는 처녀 딸 내 백성이 큰
파멸, 중한 상처로 말미암아 망함이라
18 내가 들에 나간즉 칼에 죽은 자요 내
가 성읍에 들어간즉 기근으로 병든
자며 선지자나 제사장이나 알지 못하
는 땅으로 두루 다니도다

백성이 주께 간구하다

19 ○ 주께서 유다를 온전히 버리시나이
까 주의 심령이 시온을 싫어하시나이
까 어찌하여 우리를 치시고 치료하지
아니하시나이까 우리가 평강을 바라
도 좋은 것이 없고 치료 받기를 기다
리나 두려움만 보나이다
20 여호와여 우리의 악과 우리 조상의
죄악을 인정하나이다 우리가 주께 범
죄하였나이다
21 주의 이름을 위하여 우리를 미워하지
마옵소서 주의 영광의 보좌를 욕되게
마옵소서 주께서 우리와 세우신 언약
을 기억하시고 폐하지 마옵소서
22 이방인의 우상 가운데 능히 비를 내
리게 할 자가 있나이까 하늘이 능히
소나기를 내릴 수 있으리이까 우리

17】

18】

19】

20】

21】

22】

하나님 여호와여 그리하는 자는 주가
아니시니이까 그러므로 우리가 주를
앙망하옵는 것은 주께서 이 모든 것
을 만드셨음이니이다 하니라

네 가지로 백성을 벌하리라

15 1 여호와께서 내게 이르시되 모세와
사무엘이 내 앞에 섰다 할지라도
내 마음은 이 백성을 향할 수 없나니
그들을 내 앞에서 쫓아 내보내라
2 그들이 만일 네게 말하기를 우리가
어디로 나아가리요 하거든 너는 그들
에게 이르기를 여호와께서 이와 같이
말씀하시니라 죽을 자는 죽음으로 나
아가고 칼을 받을 자는 칼로 나아가
고 기근을 당할 자는 기근으로 나아
가고 포로 될 자는 포로 됨으로 나아
갈지니라 하셨다 하라
3 여호와의 말씀이니라 내가 그들을 네
가지로 벌하리니 곧 죽이는 칼과 찢
는 개와 삼켜 멸하는 공중의 새와 땅
의 짐승으로 할 것이며
4 유다 왕 히스기야의 아들 므낫세가 예
루살렘에 행한 것으로 말미암아 내가
그들을 세계 여러 민족 가운데에 흩
으리라
5 ○ 예루살렘아 너를 불쌍히 여길 자

1】

2】

3】

4】

5】

누구며 너를 위해 울 자 누구며 돌이
켜 네 평안을 물을 자 누구냐
6 여호와께서 이르시되 네가 나를 버
렸고 내게서 물러갔으므로 네게로 내
손을 펴서 너를 멸하였노니 이는 내
가 뜻을 돌이키기에 지쳤음이로다
7 내가 그들을 그 땅의 여러 성문에서
키로 까불러 그 자식을 끊어서 내 백
성을 멸하였나니 이는 그들이 자기들
의 길에서 돌이키지 아니하였음이라
8 그들의 과부가 내 앞에 바다 모래보
다 더 많아졌느니라 내가 대낮에 파
멸시킬 자를 그들에게로 데려다가 그
들과 청년들의 어미를 쳐서 놀람과
두려움을 그들에게 갑자기 닥치게 하
였으며
9 일곱을 낳은 여인에게는 쇠약하여 기
절하게 하며 아직도 대낮에 그의 해
가 떨어져서 그에게 수치와 근심을
당하게 하였느니라 그 남은 자는 그
들의 대적의 칼에 붙이리라 여호와의
말씀이니라

예레미야의 기도와 여호와의 말씀

10 ○ 내게 재앙이로다 나의 어머니여
어머니께서 나를 온 세계에 다투는
자와 싸우는 자를 만날 자로 낳으셨
도다 내가 꾸어 주지도 아니하였고

6】

7】

8】

9】

10】

사람이 내게 꾸이지도 아니하였건마
는 다 나를 저주하는도다
11 여호와께서 이르시되 내가 진실로 너
를 강하게 할 것이요 너에게 복을 받게
할 것이며 내가 진실로 네 원수로 재앙
과 환난의 때에 네게 간구하게 하리라
12 누가 능히 철 곧 북방의 철과 놋을 꺾
으리요
13 그러나 네 모든 죄로 말미암아 네 국
경 안의 모든 재산과 보물로 값 없이
탈취를 당하게 할 것이며
14 네 원수와 함께 네가 알지 못하는 땅
에 이르게 하리니 이는 나의 진노의
맹렬한 불이 너희를 사르려 함이라
15 ○ 여호와여 주께서 아시오니 원하건
대 주는 나를 기억하시며 돌보시사 나
를 박해하는 자에게 보복하시고 주의
오래 참으심으로 말미암아 나로 멸망
하지 아니하게 하옵시며 주를 위하여
내가 부끄러움 당하는 줄을 아시옵소서
16 만군의 하나님 여호와시여 나는 주의
이름으로 일컬음을 받는 자라 내가 주
의 말씀을 얻어 먹었사오니 주의 말
씀은 내게 기쁨과 내 마음의 즐거움
이오나
17 내가 기뻐하는 자의 모임 가운데 앉
지 아니하며 즐거워하지도 아니하고

11】

12】

13】

14】

15】

16】

17】

주의 손에 붙들려 홀로 앉았사오니
이는 주께서 분노로 내게 채우셨음이
니이다
18 나의 고통이 계속하며 상처가 중하여
낫지 아니함은 어찌 됨이니이까 주께
서는 내게 대하여 물이 말라서 속이
는 시내 같으시리이까
19 ○ 여호와께서 이와 같이 말씀하시되
네가 만일 돌아오면 내가 너를 다시
이끌어 내 앞에 세울 것이며 네가 만
일 헛된 것을 버리고 귀한 것을 말한
다면 너는 나의 입이 될 것이라 그들
은 네게로 돌아오려니와 너는 그들에
게로 돌아가지 말지니라
20 내가 너로 이 백성 앞에 견고한 놋 성
벽이 되게 하리니 그들이 너를 칠지
라도 이기지 못할 것은 내가 너와 함
께 하여 너를 구하여 건짐이라 여호
와의 말씀이니라
21 내가 너를 악한 자의 손에서 건지며
무서운 자의 손에서 구원하리라

18】

19】

20】

21】

백성에게 할 말

16 1 여호와의 말씀이 또 내게 임하여
이르시되
2 너는 이 땅에서 아내를 맞이하지 말
며 자녀를 두지 말지니라

1】

2】

3 이 곳에서 낳은 자녀와 이 땅에서 그
들을 해산한 어머니와 그들을 낳은
아버지에 대하여 여호와께서 이와 같
이 말씀하시오니
4 그들은 독한 병으로 죽어도 아무도
슬퍼하지 않을 것이며 묻어 주지 않
아 지면의 분토와 같을 것이며 칼과
기근에 망하고 그 시체는 공중의 새
와 땅의 짐승의 밥이 되리라
5 ○ 여호와께서 이와 같이 말씀하시되
초상집에 들어가지 말라 가서 통곡하
지 말며 그들을 위하여 애곡하지 말
라 내가 이 백성에게서 나의 평강을
빼앗으며 인자와 사랑을 제함이라 여
호와의 말씀이니라
6 큰 자든지 작은 자든지 이 땅에서 죽
으리니 그들이 매장되지 못할 것이며
그들을 위하여 애곡하는 자도 없겠고
자기 몸을 베거나 머리털을 미는 자
도 없을 것이며
7 그 죽은 자로 말미암아 슬퍼하는 자
와 떡을 떼며 위로하는 자가 없을 것
이며 그들의 아버지나 어머니의 상사
를 위하여 위로의 잔을 그들에게 마
시게 할 자가 없으리라
8 너는 잔칫집에 들어가서 그들과 함께
앉아 먹거나 마시지 말라

3】

4】

5】

6】

7】

8】

9 만군의 여호와 이스라엘의 하나님께
서 이와 같이 말씀하시니라 보라 기
뻐하는 소리와 즐거워하는 소리와 신
랑의 소리와 신부의 소리를 내가 네
목전, 네 시대에 이 곳에서 끊어지게
하리라

9】

10 ○ 네가 이 모든 말로 백성에게 말할
때에 그들이 네게 묻기를 여호와께서
우리에게 이 모든 큰 재앙을 선포하
심은 어찌 됨이며 우리의 죄악은 무
엇이며 우리가 우리 하나님 여호와께
범한 죄는 무엇이냐 하거든

10】

11 너는 그들에게 대답하기를 여호와
께서 말씀하시되 너희 조상들이 나
를 버리고 다른 신들을 따라서 그들
을 섬기며 그들에게 절하고 나를 버
려 내 율법을 지키지 아니하였음이라

11】

12 너희가 너희 조상들보다 더욱 악을
행하였도다 보라 너희가 각기 악한
마음의 완악함을 따라 행하고 나에게
순종하지 아니하였으므로

12】

13 내가 너희를 이 땅에서 쫓아내어 너
희와 너희 조상들이 알지 못하던 땅
에 이르게 할 것이라 너희가 거기서
주야로 다른 신들을 섬기리니 이는
내가 너희에게 은혜를 베풀지 아니함
이라 하셨다 하라

13】

포로의 귀환

14 ○ 여호와의 말씀이니라 그러나 보라
날이 이르리니 다시는 이스라엘 자손
을 애굽 땅에서 인도하여 내신 여호
와께서 살아 계심을 두고 맹세하지
아니하고
15 이스라엘 자손을 북방 땅과 그 쫓겨
났던 모든 나라에서 인도하여 내신
여호와께서 살아 계심을 두고 맹세하
리라 내가 그들을 그들의 조상들에게
준 그들의 땅으로 인도하여 들이리라

악과 죄를 배나 갚을 것이라

16 ○ 여호와의 말씀이니라 보라 내가
많은 어부를 불러다가 그들을 낚게
하며 그 후에 많은 포수를 불러다가
그들을 모든 산과 모든 언덕과 바위
틈에서 사냥하게 하리니
17 이는 내 눈이 그들의 행위를 살펴보
므로 그들이 내 얼굴 앞에서 숨기지
못하며 그들의 죄악이 내 목전에서
숨겨지지 못함이라
18 내가 우선 그들의 악과 죄를 배나 갚을
것은 그들이 그 미운 물건의 시체로
내 땅을 더럽히며 그들의 가증한 것
으로 내 기업에 가득하게 하였음이라

예레미야의 기도

19 ○ 여호와 나의 힘, 나의 요새, 환난

14】

15】

16】

17】

18】

19】

날의 피난처시여 민족들이 땅 끝에서
주께 이르러 말하기를 우리 조상들의
계승한 바는 허망하고 거짓되고 무익
한 것뿐이라
20 사람이 어찌 신 아닌 것을 자기의 신
으로 삼겠나이까 하리이다
21 여호와께서 이르시되 보라 이번에 그
들에게 내 손과 내 능력을 알려서 그들
로 내 이름이 여호와인 줄 알게 하리라

20】

21】

유다의 죄와 벌

17
1 유다의 죄는 금강석 끝 철필로 기
록되되 그들의 마음 판과 그들의
제단 뿔에 새겨졌거늘
2 그들의 자녀가 높은 언덕 위 푸른 나
무 곁에 있는 그 제단들과 아세라들
을 생각하도다
3 들에 있는 나의 산아 네 온 영토의 죄
로 말미암아 내가 네 재산과 네 모든 보
물과 산당들로 노략을 당하게 하리니
4 내가 네게 준 네 기업에서 네 손을 뗄
것이며 또 내가 너로 하여금 너의 알
지 못하는 땅에서 네 원수를 섬기게
하리니 이는 너희가 내 노를 맹렬하게
하여 영원히 타는 불을 일으켰음이라
5 ○ 여호와께서 이와 같이 말씀하시니
라 무릇 사람을 믿으며 육신으로 그

1】

2】

3】

4】

5】

의 힘을 삼고 마음이 여호와에게서
떠난 그 사람은 저주를 받을 것이라
6 그는 사막의 떨기나무 같아서 좋은
일이 오는 것을 보지 못하고 광야 간
조한 곳, 건건한 땅, 사람이 살지 않는
땅에 살리라
7 그러나 무릇 여호와를 의지하며 여호
와를 의뢰하는 그 사람은 복을 받을
것이라
8 그는 물 가에 심어진 나무가 그 뿌리
를 강변에 뻗치고 더위가 올지라도
두려워하지 아니하며 그 잎이 청청하
며 가무는 해에도 걱정이 없고 결실
이 그치지 아니함 같으리라
9 ○ 만물보다 거짓되고 심히 부패한 것
은 마음이라 누가 능히 이를 알리요
마는
10 나 여호와는 심장을 살피며 폐부를
시험하고 각각 그의 행위와 그의 행
실대로 보응하나니
11 불의로 치부하는 자는 자고새가 낳지
아니한 알을 품음 같아서 그의 중년
에 그것이 떠나겠고 마침내 어리석은
자가 되리라

예레미야의 간구

12 ○ 영화로우신 보좌여 시작부터 높이
계시며 우리의 성소이시며

6】

7】

8】

9】

10】

11】

12】

13 이스라엘의 소망이신 여호와여 무릇
주를 버리는 자는 다 수치를 당할 것
이라 무릇 여호와를 떠나는 자는 흙
에 기록이 되오리니 이는 생수의 근
원이신 여호와를 버림이니이다
14 여호와여 주는 나의 찬송이시오니 나
를 고치소서 그리하시면 내가 낫겠나
이다 나를 구원하소서 그리하시면 내
가 구원을 얻으리이다
15 보라 그들이 내게 이르기를 여호와의
말씀이 어디 있느냐 이제 임하게 할
지어다 하나이다
16 나는 목자의 직분에서 물러가지 아
니하고 주를 따랐사오며 재앙의 날도
내가 원하지 아니하였음을 주께서 아
시는 바라 내 입술에서 나온 것이 주
의 목전에 있나이다
17 주는 내게 두려움이 되지 마옵소서 재
앙의 날에 주는 나의 피난처시니이다
18 나를 박해하는 자로 치욕을 당하게
하시고 나로 치욕을 당하게 마옵소
서 그들은 놀라게 하시고 나는 놀라
게 하지 마시옵소서 재앙의 날을 그
들에게 임하게 하시며 배나 되는 멸
망으로 그들을 멸하소서

안식일을 거룩하게 하라

19 ○ 여호와께서 내게 이와 같이 말씀

13】

14】

15】

16】

17】

18】

19】

하시되 너는 가서 유다 왕들이 출입
하는 평민의 문과 예루살렘 모든 문
에 서서
20 무리에게 이르기를 이 문으로 들어오
는 유다 왕들과 유다 모든 백성과 예
루살렘 모든 주민인 너희는 여호와의
말씀을 들을지어다
21 여호와께서 이와 같이 말씀하시되 너
희는 스스로 삼가서 안식일에 짐을
지고 예루살렘 문으로 들어오지 말며
22 안식일에 너희 집에서 짐을 내지 말
며 어떤 일이라도 하지 말고 내가 너
희 조상들에게 명령함 같이 안식일을
거룩히 할지어다
23 그들은 순종하지 아니하며 귀를 기울
이지 아니하며 그 목을 곧게 하여 듣
지 아니하며 교훈을 받지 아니하였느
니라
24 ○ 여호와의 말씀이니라 너희가 만일
삼가 나를 순종하여 안식일에 짐을
지고 이 성문으로 들어오지 아니하며
안식일을 거룩히 하여 어떤 일이라도
하지 아니하면
25 다윗의 왕위에 앉아 있는 왕들과 고
관들이 병거와 말을 타고 이 성문으
로 들어오되 그들과 유다 모든 백성
과 예루살렘 주민들이 함께 그리할

20】

21】

22】

23】

24】

25】

것이요 이 성은 영원히 있을 것이며
26 사람들이 유다 성읍들과 예루살렘에
둘린 곳들과 베냐민 땅과 평지와 산
지와 네겝으로부터 와서 번제와 희생
과 소제와 유향과 감사제물을 여호와
의 성전에 가져오려니와
27 그러나 만일 너희가 나를 순종하지 아
니하고 안식일을 거룩되게 아니하여
안식일에 짐을 지고 예루살렘 문으로
들어오면 내가 성문에 불을 놓아 예
루살렘 궁전을 삼키게 하리니 그 불
이 꺼지지 아니하리라 하셨다 할지니
라 하시니라

26】

27】

토기장이의 비유

18 1 여호와께로부터 예레미야에게 임
한 말씀에 이르시되
2 너는 일어나 토기장이의 집으로 내려
가라 내가 거기에서 내 말을 네게 들
려 주리라 하시기로
3 내가 토기장이의 집으로 내려가서 본
즉 그가 녹로로 일을 하는데
4 진흙으로 만든 그릇이 토기장이의 손
에서 터지매 그가 그것으로 자기 의견
에 좋은 대로 다른 그릇을 만들더라
5 ○ 그 때에 여호와의 말씀이 내게 임
하니라 이르시되

1】

2】

3】

4】

5】

6 여호와의 말씀이니라 이스라엘 족속
아 이 토기장이가 하는 것 같이 내가
능히 너희에게 행하지 못하겠느냐 이
스라엘 족속아 진흙이 토기장이의 손
에 있음 같이 너희가 내 손에 있느니라
7 내가 어느 민족이나 국가를 뽑거나
부수거나 멸하려 할 때에
8 만일 내가 말한 그 민족이 그의 악에
서 돌이키면 내가 그에게 내리기로
생각하였던 재앙에 대하여 뜻을 돌이
키겠고
9 내가 어느 민족이나 국가를 건설하거
나 심으려 할 때에
10 만일 그들이 나 보기에 악한 것을 행
하여 내 목소리를 청종하지 아니하면
내가 그에게 유익하게 하리라고 한
복에 대하여 뜻을 돌이키리라
11 그러므로 이제 너는 유다 사람들과
예루살렘 주민들에게 말하여 이르기
를 여호와의 말씀에 보라 내가 너희
에게 재앙을 내리며 계책을 세워 너
희를 치려 하노니 너희는 각기 악한
길에서 돌이키며 너희의 길과 행위를
아름답게 하라 하셨다 하라
12 그러나 그들이 말하기를 이는 헛되니
우리는 우리의 계획대로 행하며 우리
는 각기 악한 마음이 완악한 대로 행

6】

7】

8】

9】

10】

11】

12】

하리라 하느니라

이스라엘이 가증한 일을 행하다

13 ○ 그러므로 여호와께서 이와 같이
말씀하시니라 너희는 누가 이러한 일
을 들었는지 여러 나라 가운데 물어
보라 처녀 이스라엘이 심히 가증한
일을 행하였도다
14 레바논의 눈이 어찌 들의 바위를 떠
나겠으며 먼 곳에서 흘러내리는 찬물
이 어찌 마르겠느냐
15 무릇 내 백성은 나를 잊고 허무한 것
에게 분향하거니와 이러한 것들은 그
들로 그들의 길 곧 그 옛길에서 넘어
지게 하며 곁길 곧 닦지 아니한 길로
행하게 하여
16 그들의 땅으로 두려움과 영원한 웃음
거리가 되게 하리니 그리로 지나는
자마다 놀라서 그의 머리를 흔들리라
17 내가 그들을 그들의 원수 앞에서 흩
어 버리기를 동풍으로 함 같이 할 것
이며 그들의 재난의 날에는 내가 그
들에게 등을 보이고 얼굴을 보이지
아니하리라

예레미야를 죽이려 하다

18 ○ 그들이 말하기를 오라 우리가 꾀
를 내어 예레미야를 치자 제사장에게
서 율법이, 지혜로운 자에게서 책략

13】

14】

15】

16】

17】

18】

이, 선지자에게서 말씀이 끊어지지 아
니할 것이니 오라 우리가 혀로 그를
치고 그의 어떤 말에도 주의하지 말
자 하나이다
19 ○ 여호와여 나를 돌아보사 나와 더
불어 다투는 그들의 목소리를 들어
보옵소서
20 어찌 악으로 선을 갚으리이까마는 그
들이 나의 생명을 해하려고 구덩이를
팠나이다 내가 주의 분노를 그들에게
서 돌이키려 하고 주의 앞에 서서 그
들을 위하여 유익한 말을 한 것을 기
억하옵소서
21 그러하온즉 그들의 자녀를 기근에 내
어 주시며 그들을 칼의 세력에 넘기
시며 그들의 아내들은 자녀를 잃고
과부가 되며 그 장정은 죽음을 당하
며 그 청년은 전장에서 칼을 맞게 하
시며
22 주께서 군대로 갑자기 그들에게 이
르게 하사 그들의 집에서 부르짖음
이 들리게 하옵소서 이는 그들이 나
를 잡으려고 구덩이를 팠고 내 발을
빠뜨리려고 올무를 놓았음이니이다
23 여호와여 그들이 나를 죽이려 하는
계략을 주께서 다 아시오니 그 악을
사하지 마옵시며 그들의 죄를 주의

19】

20】

21】

22】

23】

목전에서 지우지 마시고 그들을 주
앞에 넘어지게 하시되 주께서 노하시
는 때에 이같이 그들에게 행하옵소서
하니라

깨진 옹기

19
1 여호와께서 이와 같이 말씀하시되
가서 토기장이의 옹기를 사고 백성
의 어른들과 제사장의 어른 몇 사람과
2 하시드 문 어귀 곁에 있는 힌놈의 아
들의 골짜기로 가서 거기에서 내가
네게 이른 말을 선포하여
3 말하기를 너희 유다 왕들과 예루살렘
주민아 여호와의 말씀을 들으라 만군
의 여호와 이스라엘의 하나님이 이같
이 말씀하시되 보라 내가 이 곳에 재
앙을 내릴 것이라 그것을 듣는 모든
자의 귀가 떨리니
4 이는 그들이 나를 버리고 이 곳을 불
결하게 하며 이 곳에서 자기와 자기
조상들과 유다 왕들이 알지 못하던
다른 신들에게 분향하며 무죄한 자의
피로 이 곳에 채웠음이며
5 또 그들이 바알을 위하여 산당을 건
축하고 자기 아들들을 바알에게 번제
로 불살라 드렸나니 이는 내가 명령
하거나 말하거나 뜻한 바가 아니니라

1】

2】

3】

4】

5】

6 그러므로 보라 다시는 이 곳을 도벳
이나 힌놈의 아들의 골짜기라 부르지
아니하고 오직 죽임의 골짜기라 부르
는 날이 이를 것이라 여호와의 말이
니라
7 내가 이 곳에서 유다와 예루살렘의
계획을 무너뜨려 그들로 그 대적 앞
과 생명을 찾는 자의 손의 칼에 엎드
러지게 하고 그 시체를 공중의 새와
땅의 짐승의 밥이 되게 하며
8 이 성읍으로 놀람과 조롱 거리가 되
게 하리니 그 모든 재앙으로 말미암아
지나는 자마다 놀라며 조롱할 것이며
9 그들이 그들의 원수와 그들의 생명을
찾는 자에게 둘러싸여 곤경에 빠질
때에 내가 그들이 그들의 아들의 살,
딸의 살을 먹게 하고 또 각기 친구의
살을 먹게 하리라 하셨다 하고
10 너는 함께 가는 자의 목전에서 그 옹
기를 깨뜨리고
11 그들에게 이르기를 만군의 여호와께
서 이와 같이 말씀하시되 사람이 토
기장이의 그릇을 한 번 깨뜨리면 다
시 완전하게 할 수 없나니 이와 같이
내가 이 백성과 이 성읍을 무너뜨리
리니 도벳에 매장할 자리가 없을 만
큼 매장하리라

6】

7】

8】

9】

10】

11】

12 여호와의 말씀이니라 내가 이 곳과
그 가운데 주민에게 이같이 행하여
이 성읍으로 도벳 같게 할 것이라
13 예루살렘 집들과 유다 왕들의 집들
이 그 집 위에서 하늘의 만상에 분향
하고 다른 신들에게 전제를 부음으로
더러워졌은즉 도벳 땅처럼 되리라 하
셨다 하라 하시니
14 ○ 예레미야가 여호와께서 자기를 보
내사 예언하게 하신 도벳에서 돌아와
여호와의 집 뜰에 서서 모든 백성에
게 말하되
15 만군의 여호와 이스라엘의 하나님께
서 이와 같이 말씀하시되 보라 내가
이 성읍에 대하여 선언한 모든 재앙
을 이 성읍과 그 모든 촌락에 내리리
니 이는 그들의 목을 곧게 하여 내 말
을 듣지 아니함이라 하시니라

12】

13】

14】

15】

예레미야와 바스훌

20 1 임멜의 아들 제사장 바스훌은 여
호와의 성전의 총감독이라 그가 예
레미야의 이 일 예언함을 들은지라
2 이에 바스훌이 선지자 예레미야를 때
리고 여호와의 성전에 있는 베냐민
문 위층에 목에 씌우는 나무 고랑으
로 채워 두었더니

1】

2】

3 다음날 바스훌이 예레미야를 목에 씌
우는 나무 고랑에서 풀어 주매 예레
미야가 그에게 이르되 여호와께서 네
이름을 바스훌이라 아니하시고 마골
밋사빕이라 하시느니라
4 여호와께서 이와 같이 말씀하시되 보
라 내가 너로 너와 네 모든 친구에게
두려움이 되게 하리니 그들이 그들의
원수들의 칼에 엎드러질 것이요 네 눈
은 그것을 볼 것이며 내가 온 유다를
바벨론 왕의 손에 넘기리니 그가 그들
을 사로잡아 바벨론으로 옮겨 칼로 죽
이리라
5 내가 또 이 성읍의 모든 부와 그 모든
소득과 그 모든 귀중품과 유다 왕들
의 모든 보물을 그 원수의 손에 넘기
리니 그들이 그것을 탈취하여 바벨론
으로 가져가리라
6 바스훌아 너와 네 집에 사는 모든 사람
이 포로 되어 옮겨지리니 네가 바벨론
에 이르러 거기서 죽어 거기 묻힐 것이
라 너와 너의 거짓 예언을 들은 네 모
든 친구도 그와 같으리라 하셨느니라

예레미야가 여호와께 사정을 아뢰다

7 ○ 여호와여 주께서 나를 권유하시므
로 내가 그 권유를 받았사오며 주께
서 나보다 강하사 이기셨으므로 내가

3】

4】

5】

6】

7】

조롱 거리가 되니 사람마다 종일토록
나를 조롱하나이다
8 내가 말할 때마다 외치며 파멸과 멸
망을 선포하므로 여호와의 말씀으로
말미암아 내가 종일토록 치욕과 모욕
거리가 됨이니이다
9 내가 다시는 여호와를 선포하지 아니
하며 그의 이름으로 말하지 아니하리
라 하면 나의 마음이 불붙는 것 같아
서 골수에 사무치니 답답하여 견딜 수
없나이다
10 나는 무리의 비방과 사방이 두려워함
을 들었나이다 그들이 이르기를 고소
하라 우리도 고소하리라 하오며 내 친
한 벗도 다 내가 실족하기를 기다리며
그가 혹시 유혹을 받게 되면 우리가 그
를 이기어 우리 원수를 갚자 하나이다
11 그러하오나 여호와는 두려운 용사 같
으시며 나와 함께 하시므로 나를 박
해하는 자들이 넘어지고 이기지 못할
것이오며 그들은 지혜롭게 행하지 못
하므로 큰 치욕을 당하오리니 그 치
욕은 길이 잊지 못할 것이니이다
12 의인을 시험하사 그 폐부와 심장을
보시는 만군의 여호와여 나의 사정을
주께 아뢰었사온즉 주께서 그들에게
보복하심을 나에게 보게 하옵소서

8】

9】

10】

11】

12】

13 여호와께 노래하라 너희는 여호와를
찬양하라 가난한 자의 생명을 행악자
의 손에서 구원하셨음이니라
14 ○ 내 생일이 저주를 받았더면, 나의
어머니가 나를 낳던 날이 복이 없었
더면,
15 나의 아버지에게 소식을 전하여 이르
기를 당신이 득남하였다 하여 아버지
를 즐겁게 하던 자가 저주를 받았더면,
16 그 사람은 여호와께서 무너뜨리시고
후회하지 아니하신 성읍 같이 되었더
면, 그가 아침에는 부르짖는 소리, 낮
에는 떠드는 소리를 듣게 하였더면,
좋을 뻔하였나니
17 이는 그가 나를 태에서 죽이지 아니하
셨으며 나의 어머니를 내 무덤이 되지
않게 하셨으며 그의 배가 부른 채로
항상 있지 않게 하신 까닭이로다
18 어찌하여 내가 태에서 나와서 고생과
슬픔을 보며 나의 날을 부끄러움으로
보내는고 하니라

13】
14】
15】
16】
17】
18】

여호와께서 두신 생명의 길과 사망의 길

21 1 여호와께로부터 예레미야에게 말
씀이 임하니라 시드기야 왕이 말기
야의 아들 바스훌과 제사장 마아세야
의 아들 스바냐를 예레미야에게 보내

1】

니라
2 바벨론의 느부갓네살 왕이 우리를 치
니 청컨대 너는 우리를 위하여 여호
와께 간구하라 여호와께서 혹시 그의
모든 기적으로 우리를 도와 행하시면
그가 우리를 떠나리라 하니
3 ○ 예레미야가 그들에게 대답하되 너
희는 시드기야에게 이같이 말하라
4 이스라엘의 하나님 여호와께서 이와
같이 말씀하시되 보라 너희가 성 밖
에서 바벨론의 왕과 또 너희를 에워
싼 갈대아인과 싸우는 데 쓰는 너희
손의 무기를 내가 뒤로 돌릴 것이요
그것들을 이 성 가운데 모아들이리라
5 내가 든 손과 강한 팔 곧 진노와 분노
와 대노로 친히 너희를 칠 것이며
6 내가 또 사람이나 짐승이나 이 성에
있는 것을 다 치리니 그들이 큰 전염
병에 죽으리라 하셨다 하라
7 여호와의 말씀이니라 그 후에 내가
유다의 왕 시드기야와 그의 신하들과
백성과 및 이 성읍에서 전염병과 칼
과 기근에서 남은 자를 바벨론의 느
부갓네살 왕의 손과 그들의 원수의
손과 그들의 생명을 찾는 자들의 손
에 넘기리니 그가 칼날로 그들을 치
되 측은히 여기지 아니하며 긍휼히

2】
3】
4】
5】
6】
7】

여기지 아니하며 불쌍히 여기지 아니
하리라 하셨느니라
8 ○ 여호와께서 말씀하시기를 보라 내
가 너희 앞에 생명의 길과 사망의 길
을 두었노라 너는 이 백성에게 전하
라 하셨느니라
9 이 성읍에 사는 자는 칼과 기근과 전
염병에 죽으려니와 너희를 에워싼 갈
대아인에게 나가서 항복하는 자는 살
것이나 그의 목숨은 전리품 같이 되
리라
10 여호와의 말씀이니라 내가 나의 얼굴
을 이 성읍으로 향함은 복을 내리기
위함이 아니요 화를 내리기 위함이라
이 성읍이 바벨론 왕의 손에 넘김이
될 것이요 그는 그것을 불사르리라

유다 왕의 집에 내린 벌

11 ○ 유다 왕의 집에 대한 여호와의 말
을 들으라
12 여호와께서 이와 같이 말씀하시니라
다윗의 집이여 너는 아침마다 정의롭
게 판결하여 탈취 당한 자를 압박자
의 손에서 건지라 그리하지 아니하면
너희의 악행 때문에 내 분노가 불 같
이 일어나서 사르리니 능히 끌 자가
없으리라
13 여호와의 말씀이니라 골짜기와 평원

8】

9】

10】

11】

12】

13】

년 월 일

바위의 주민아 보라 너희가 말하기를
누가 내려와서 우리를 치리요 누가
우리의 거처에 들어오리요 하거니와
나는 네 대적이라
14 내가 너희 행위대로 너희를 벌할 것
이요 내가 또 수풀에 불을 놓아 그 모
든 주위를 사르리라 여호와의 말씀이
니라

유다 왕의 집에 선언하다

22 1 여호와께서 이와 같이 말씀하시되
너는 유다 왕의 집에 내려가서 거
기에서 이 말을 선언하여
2 이르기를 다윗의 왕위에 앉은 유다 왕
이여 너와 네 신하와 이 문들로 들어
오는 네 백성은 여호와의 말씀을 들
을지니라
3 여호와께서 이와 같이 말씀하시되 너
희가 정의와 공의를 행하여 탈취 당한
자를 압박하는 자의 손에서 건지고 이
방인과 고아와 과부를 압제하거나 학
대하지 말며 이 곳에서 무죄한 피를
흘리지 말라
4 너희가 참으로 이 말을 준행하면 다윗
의 왕위에 앉을 왕들과 신하들과 백성
이 병거와 말을 타고 이 집 문으로 들
어오게 되리라

5 그러나 너희가 이 말을 듣지 아니하
면 내가 나를 두고 맹세하노니 이 집
이 황폐하리라 여호와의 말씀이니라
6 여호와께서 유다 왕의 집에 대하여
이와 같이 말씀하시니라 네가 내게
길르앗 같고 레바논의 머리이나 내가
반드시 너로 광야와 주민이 없는 성
읍을 만들 것이라
7 내가 너를 파멸할 자를 준비하리니 그
들이 각기 손에 무기를 가지고 네 아
름다운 백향목을 찍어 불에 던지리라
8 여러 민족들이 이 성읍으로 지나가며
서로 말하기를 여호와가 이 큰 성읍
에 이같이 행함은 어찌 됨인고 하겠고
9 그들이 대답하기는 이는 그들이 자기
하나님 여호와의 언약을 버리고 다른
신들에게 절하고 그를 섬긴 까닭이라
하셨다 할지니라

살룸 왕에 대하여 말하다

10 ○ 너희는 죽은 자를 위하여 울지 말
며 그를 위하여 애통하지 말고 잡혀
간 자를 위하여 슬피 울라 그는 다시
돌아와 그 고국을 보지 못할 것임이라
11 여호와께서 유다 왕 요시야의 아들 곧
그의 아버지 요시야를 이어 왕이 되었
다가 이 곳에서 나간 살룸에 대하여
이와 같이 말씀하시니라 그가 이 곳으

5】

6】

7】

8】

9】

10】

11】

로 다시 돌아오지 못하고
12 잡혀 간 곳에서 그가 거기서 죽으리
니 이 땅을 다시 보지 못하리라

여호야김 왕에 대해 말하다

13 ○ 불의로 그 집을 세우며 부정하게
그 다락방을 지으며 자기의 이웃을
고용하고 그의 품삯을 주지 아니하는
자에게 화 있을진저
14 그가 이르기를 내가 나를 위하여 큰
집과 넓은 다락방을 지으리라 하고
자기를 위하여 창문을 만들고 그것에
백향목으로 입히고 붉은 빛으로 칠하
도다
15 네가 백향목을 많이 사용하여 왕이
될 수 있겠느냐 네 아버지가 먹거나
마시지 아니하였으며 정의와 공의를
행하지 아니하였느냐 그 때에 그가
형통하였었느니라
16 그는 가난한 자와 궁핍한 자를 변호
하고 형통하였나니 이것이 나를 앎이
아니냐 여호와의 말씀이니라
17 그러나 네 두 눈과 마음은 탐욕과 무
죄한 피를 흘림과 압박과 포악을 행
하려 할 뿐이니라
18 그러므로 여호와께서 유다의 왕 요시
야의 아들 여호야김에게 대하여 이와
같이 말씀하시니라 무리가 그를 위하

12】

13】

14】

15】

16】

17】

18】

여 슬프다 내 형제여, 슬프다 내 자매
여 하며 통곡하지 아니할 것이며 그를
위하여 슬프다 주여 슬프다 그 영광
이여 하며 통곡하지도 아니할 것이라
19 그가 끌려 예루살렘 문 밖에 던져지
고 나귀 같이 매장함을 당하리라

예루살렘에 대한 탄식

20 ○ 너는 레바논에 올라 외치며 바산
에서 네 소리를 높이며 아바림에서
외치라 이는 너를 사랑하는 자가 다
멸망하였음이라
21 네가 평안할 때에 내가 네게 말하였
으나 네 말이 나는 듣지 아니하리라
하였나니 네가 어려서부터 내 목소리
를 청종하지 아니함이 네 습관이라
22 네 목자들은 다 바람에 삼켜질 것이
요 너를 사랑하는 자들은 사로잡혀
가리니 그 때에 네가 반드시 네 모든
악 때문에 수치와 욕을 당하리라
23 레바논에 살면서 백향목에 깃들이는
자여 여인이 해산하는 고통 같은 고
통이 네게 임할 때에 너의 가련함이
얼마나 심하랴

여호와께서 고니야 왕을 심판하시다

24 ○ 여호와의 말씀이니라 나의 삶으로
맹세하노니 유다 왕 여호야김의 아들
고니야가 나의 오른손의 인장반지라

19】

20】

21】

22】

23】

24】

년 월 일

할지라도 내가 빼어
25 네 생명을 찾는 자의 손과 네가 두려
워하는 자의 손 곧 바벨론의 왕 느부
갓네살의 손과 갈대아인의 손에 줄
것이라
26 내가 너와 너를 낳은 어머니를 너희
가 나지 아니한 다른 지방으로 쫓아
내리니 너희가 거기에서 죽으리라
27 그들이 그들의 마음에 돌아오기를 사
모하는 땅에 돌아오지 못하리라
28 이 사람 고니야는 천하고 깨진 그릇
이냐 좋아하지 아니하는 그릇이냐 어
찌하여 그와 그의 자손이 쫓겨나서
알지 못하는 땅에 들어갔는고
29 땅이여, 땅이여, 땅이여, 여호와의 말
을 들을지니라
30 여호와께서 이와 같이 말씀하시니라
너희는 이 사람이 자식이 없겠고 그의
평생 동안 형통하지 못할 자라 기록하
라 이는 그의 자손 중 형통하여 다윗
의 왕위에 앉아 유다를 다스릴 사람이
다시는 없을 것임이라 하시니라

25】

26】

27】

28】

29】

30】

미래의 왕 메시아

23
1 여호와의 말씀이니라 내 목장의
양 떼를 멸하며 흩어지게 하는 목
자에게 화 있으리라

1】

2 그러므로 이스라엘의 하나님 여호와
께서 내 백성을 기르는 목자에게 이
와 같이 말씀하시니라 너희가 내 양
떼를 흩으며 그것을 몰아내고 돌보지
아니하였도다 보라 내가 너희의 악행
때문에 너희에게 보응하리라 여호와
의 말씀이니라
3 내가 내 양 떼의 남은 것을 그 몰려
갔던 모든 지방에서 모아 다시 그 우
리로 돌아오게 하리니 그들의 생육이
번성할 것이며
4 내가 그들을 기르는 목자들을 그들
위에 세우리니 그들이 다시는 두려워
하거나 놀라거나 잃어 버리지 아니하
리라 여호와의 말씀이니라
5 ○ 여호와의 말씀이니라 보라 때가
이르리니 내가 다윗에게 한 의로운
가지를 일으킬 것이라 그가 왕이 되
어 지혜롭게 다스리며 세상에서 정의
와 공의를 행할 것이며
6 그의 날에 유다는 구원을 받겠고 이
스라엘은 평안히 살 것이며 그의 이
름은 여호와 우리의 공의라 일컬음을
받으리라
7 그러므로 여호와의 말씀이니라 보라
날이 이르리니 그들이 다시는 이스라
엘 자손을 애굽 땅에서 인도하여 내

2】

3】

4】

5】

6】

7】

신 여호와의 사심으로 맹세하지 아니
하고
8 이스라엘 집 자손을 북쪽 땅, 그 모든
쫓겨났던 나라에서 인도하여 내신 여
호와의 사심으로 맹세할 것이며 그들
이 자기 땅에 살리라 하시니라

선지자들에 대한 말씀

9 ○ 선지자들에 대한 말씀이라 내 마
음이 상하며 내 모든 뼈가 떨리며 내
가 취한 사람 같으며 포도주에 잡힌
사람 같으니 이는 여호와와 그 거룩
한 말씀 때문이라
10 이 땅에 간음하는 자가 가득하도다
저주로 말미암아 땅이 슬퍼하며 광야
의 초장들이 마르나니 그들의 행위가
악하고 힘쓰는 것이 정직하지 못함이
로다
11 여호와의 말씀이니라 선지자와 제사
장이 다 사악한지라 내가 내 집에서
도 그들의 악을 발견하였노라
12 그러므로 그들의 길이 그들에게 어
두운 가운데 미끄러운 곳과 같이 되
고 그들이 밀어냄을 당하여 그 길에
엎드러질 것이라 그들을 벌하는 해에
내가 그들에게 재앙을 내리리라 여호
와의 말씀이니라
13 ○ 내가 사마리아 선지자들 가운데

8】
9】
10】
11】
12】
13】

우매함을 보았나니 그들은 바알을 의
지하고 예언하여 내 백성 이스라엘을
그릇되게 하였고
14 내가 예루살렘 선지자들 가운데도 가
증한 일을 보았나니 그들은 간음을
행하며 거짓을 말하며 악을 행하는
자의 손을 강하게 하여 사람으로 그
악에서 돌이킴이 없게 하였은즉 그들
은 다 내 앞에서 소돔과 다름이 없고
그 주민은 고모라와 다름이 없느니라
15 그러므로 만군의 여호와께서 선지자
에 대하여 이와 같이 말씀하시니라
보라 내가 그들에게 쑥을 먹이며 독
한 물을 마시게 하리니 이는 사악이
예루살렘 선지자들로부터 나와서 온
땅에 퍼짐이라 하시니라
16 ○ 만군의 여호와께서 이와 같이 말
씀하시되 너희에게 예언하는 선지자
들의 말을 듣지 말라 그들은 너희에
게 헛된 것을 가르치나니 그들이 말
한 묵시는 자기 마음으로 말미암은
것이요 여호와의 입에서 나온 것이
아니니라
17 항상 그들이 나를 멸시하는 자에게
이르기를 너희가 평안하리라 여호와
의 말씀이니라 하며 또 자기 마음이
완악한 대로 행하는 모든 사람에게

14】

15】

16】

17】

이르기를 재앙이 너희에게 임하지 아
니하리라 하였느니라
18 누가 여호와의 회의에 참여하여 그
말을 알아들었으며 누가 귀를 기울여
그 말을 들었느냐
19 보라 여호와의 노여움이 일어나 폭풍
과 회오리바람처럼 악인의 머리를 칠
것이라
20 여호와의 진노가 내 마음의 뜻하는
바를 행하여 이루기까지는 그치지 아
니하나니 너희가 끝날에 그것을 완전
히 깨달으리라
21 이 선지자들은 내가 보내지 아니하였
어도 달음질하며 내가 그들에게 이르
지 아니하였어도 예언하였은즉
22 그들이 만일 나의 회의에 참여하였더
라면 내 백성에게 내 말을 들려서 그
들을 악한 길과 악한 행위에서 돌이
키게 하였으리라
23 ○ 여호와의 말씀이니라 나는 가까운
데에 있는 하나님이요 먼 데에 있는
하나님은 아니냐
24 여호와의 말씀이니라 사람이 내게 보
이지 아니하려고 누가 자신을 은밀한
곳에 숨길 수 있겠느냐 여호와가 말하
노라 나는 천지에 충만하지 아니하냐
25 내 이름으로 거짓을 예언하는 선지자

18】

19】

20】

21】

22】

23】

24】

25】

들의 말에 내가 꿈을 꾸었다 꿈을 꾸
었다고 말하는 것을 내가 들었노라
26 거짓을 예언하는 선지자들이 언제까
지 이 마음을 품겠느냐 그들은 그 마
음의 간교한 것을 예언하느니라
27 그들이 서로 꿈 꾼 것을 말하니 그 생
각인즉 그들의 조상들이 바알로 말미
암아 내 이름을 잊어버린 것 같이 내
백성으로 내 이름을 잊게 하려 함이
로다
28 여호와의 말씀이니라 꿈을 꾼 선지자
는 꿈을 말할 것이요 내 말을 받은 자
는 성실함으로 내 말을 말할 것이라
겨가 어찌 알곡과 같겠느냐
29 여호와의 말씀이니라 내 말이 불 같
지 아니하냐 바위를 쳐서 부스러뜨리
는 방망이 같지 아니하냐
30 여호와의 말씀이라 그러므로 보라 서
로 내 말을 도둑질하는 선지자들을
내가 치리라
31 여호와의 말씀이니라 보라 그들이 혀
를 놀려 여호와가 말씀하셨다 하는
선지자들을 내가 치리라
32 여호와의 말씀이니라 보라 거짓 꿈을
예언하여 이르며 거짓과 헛된 자만으
로 내 백성을 미혹하게 하는 자를 내
가 치리라 내가 그들을 보내지 아니

26】

27】

28】

29】

30】

31】

32】

하였으며 명령하지 아니하였나니 그
들은 이 백성에게 아무 유익이 없느
니라 여호와의 말씀이니라

여호와의 엄중한 말씀

33 ○ 이 백성이나 선지자나 제사장이
네게 물어 이르기를 여호와의 엄중한
말씀이 무엇인가 묻거든 너는 그들에
게 대답하기를 엄중한 말씀이 무엇이
냐 묻느냐 여호와의 말씀에 내가 너
희를 버리리라 하셨고
34 또 여호와의 엄중한 말씀이라 하는
선지자에게나 제사장에게나 백성에
게는 내가 그 사람과 그 집안을 벌하
리라 하셨다 하고
35 너희는 서로 이웃과 형제에게 묻기
를 여호와께서 무엇이라 응답하셨으
며 여호와께서 무엇이라 말씀하셨느
냐 하고
36 다시는 여호와의 엄중한 말씀이라 말
하지 말라 각 사람의 말이 자기에게
중벌이 되리니 이는 너희가 살아 계
신 하나님, 만군의 여호와 우리 하나
님의 말씀을 망령되이 사용함이니라
하고
37 너는 또 선지자에게 말하기를 여호와
께서 네게 무엇이라 대답하셨으며 여
호와께서 무엇이라 말씀하셨느냐

33】

34】

35】

36】

37】

38 너희는 여호와의 엄중한 말씀이라 말
하도다 그러므로 여호와께서 이와 같
이 말씀하시되 내가 너희에게 사람
을 보내어 이 말씀은 여호와의 엄중
한 말씀이니 너희는 말하지 말라 하
였으나 너희가 여호와의 엄중한 말씀
이라 하였은즉
39 내가 너희를 온전히 잊어버리며 내가
너희와 너희 조상들에게 준 이 성읍
을 내 앞에서 내버려
40 너희는 영원한 치욕과 잊지 못할 영구
한 수치를 당하게 하리라 하셨느니라

38】

39】

40】

좋은 무화과 나쁜 무화과

24

1 바벨론의 느부갓네살 왕이 유다 왕
여호야김의 아들 여고냐와 유다
고관들과 목공들과 철공들을 예루살
렘에서 바벨론으로 옮긴 후에 여호와
께서 여호와의 성전 앞에 놓인 무화
과 두 광주리를 내게 보이셨는데
2 한 광주리에는 처음 익은 듯한 극히
좋은 무화과가 있고 한 광주리에는
나빠서 먹을 수 없는 극히 나쁜 무화
과가 있더라
3 여호와께서 내게 이르시되 예레미야
야 네가 무엇을 보느냐 하시매 내가
대답하되 무화과이온데 그 좋은 무화

1】

2】

3】

과는 극히 좋고 그 나쁜 것은 아주 나
빠서 먹을 수 없게 나쁘니이다 하니
4 ○ 여호와의 말씀이 또 내게 임하니
라 이르시되
5 이스라엘의 하나님 여호와께서 이와
같이 말씀하시니라 내가 이 곳에서
옮겨 갈대아인의 땅에 이르게 한 유
다 포로를 이 좋은 무화과 같이 잘 돌
볼 것이라
6 내가 그들을 돌아보아 좋게 하여 다
시 이 땅으로 인도하여 세우고 헐지
아니하며 심고 뽑지 아니하겠고
7 내가 여호와인 줄 아는 마음을 그들
에게 주어서 그들이 전심으로 내게
돌아오게 하리니 그들은 내 백성이
되겠고 나는 그들의 하나님이 되리라
8 ○ 여호와께서 이와 같이 말씀하시
니라 내가 유다의 왕 시드기야와 그
고관들과 예루살렘의 남은 자로서 이
땅에 남아 있는 자와 애굽 땅에 사는
자들을 나빠서 먹을 수 없는 이 나쁜
무화과 같이 버리되
9 세상 모든 나라 가운데 흩어서 그들에
게 환난을 당하게 할 것이며 또 그들
에게 내가 쫓아 보낼 모든 곳에서 부
끄러움을 당하게 하며 말 거리가 되게
하며 조롱과 저주를 받게 할 것이며

4】

5】

6】

7】

8】

9】

10 내가 칼과 기근과 전염병을 그들 가
운데 보내 그들이 내가 그들과 그들
의 조상들에게 준 땅에서 멸절하기까
지 이르게 하리라 하시니라

10】

칠십 년 동안 바벨론 왕을 섬기리라

25 1 유다의 왕 요시야의 아들 여호야
김 넷째 해 곧 바벨론의 왕 느부갓
네살 원년에 유다의 모든 백성에 관한
말씀이 예레미야에게 임하니라
2 선지자 예레미야가 유다의 모든 백성
과 예루살렘의 모든 주민에게 말하여
이르되
3 유다의 왕 아몬의 아들 요시야 왕 열
셋째 해부터 오늘까지 이십삼 년 동안
여호와의 말씀이 내게 임하기로 내가
너희에게 꾸준히 일렀으나 너희가 순
종하지 아니하였느니라
4 그러므로 여호와께서 그의 모든 종 선
지자를 너희에게 끊임없이 보내셨으
나 너희가 순종하지 아니하였으며 귀
를 기울여 듣지도 아니하였도다
5 그가 이르시기를 너희는 각자의 악한
길과 악행을 버리고 돌아오라 그리하
면 나 여호와가 너희와 너희 조상들
에게 영원부터 영원까지 준 그 땅에
살리라

1】

2】

3】

4】

5】

6 너희는 다른 신을 따라다니며 섬기거
나 경배하지 말며 너희 손으로 만든
것으로써 나의 노여움을 일으키지 말
라 그리하면 내가 너희를 해하지 아
니하리라 하였으나
7 너희가 내 말을 순종하지 아니하고
너희 손으로 만든 것으로써 나의 노
여움을 일으켜 스스로 해하였느니라
여호와의 말씀이니라
8 그러므로 만군의 여호와께서 이와 같
이 말씀하시니라 너희가 내 말을 듣
지 아니하였느니라
9 보라 내가 북쪽 모든 종족과 내 종 바
벨론의 왕 느부갓네살을 불러다가 이
땅과 그 주민과 사방 모든 나라를 쳐
서 진멸하여 그들을 놀램과 비웃음
거리가 되게 하며 땅으로 영원한 폐
허가 되게 할 것이라 여호와의 말씀
이니라
10 내가 그들 중에서 기뻐하는 소리와
즐거워하는 소리와 신랑의 소리와 신
부의 소리와 맷돌 소리와 등불 빛이
끊어지게 하리니
11 이 모든 땅이 폐허가 되어 놀랄 일이
될 것이며 이 민족들은 칠십 년 동안
바벨론의 왕을 섬기리라
12 ○ 여호와의 말씀이니라 칠십 년이

6】

7】

8】

9】

10】

11】

12】

끝나면 내가 바벨론의 왕과 그의 나
라와 갈대아인의 땅을 그 죄악으로
말미암아 벌하여 영원히 폐허가 되게
하되
13 내가 그 땅을 향하여 선언한 바 곧 예
레미야가 모든 민족을 향하여 예언하
고 이 책에 기록한 나의 모든 말을 그
땅에 임하게 하리라
14 그리하여 여러 민족과 큰 왕들이 그
들로 자기들을 섬기게 할 것이나 나
는 그들의 행위와 그들의 손이 행한
대로 갚으리라

모든 나라에 내리는 진노의 술잔

15 ○ 이스라엘의 하나님 여호와께서 이
같이 내게 이르시되 너는 내 손에서
이 진노의 술잔을 받아가지고 내가
너를 보내는 바 그 모든 나라로 하여
금 마시게 하라
16 그들이 마시고 비틀거리며 미친 듯이
행동하리니 이는 내가 그들 중에 칼
을 보냈기 때문이니라 하시기로
17 내가 여호와의 손에서 그 잔을 받아
서 여호와께서 나를 보내신 바 그 모
든 나라로 마시게 하되
18 예루살렘과 유다 성읍들과 그 왕들과
그 고관들로 마시게 하였더니 그들이
멸망과 놀램과 비웃음과 저주를 당함

13】

14】

15】

16】

17】

18】

이 오늘과 같으니라
19 또 애굽의 왕 바로와 그의 신하들과
그의 고관들과 그의 모든 백성과
20 모든 섞여 사는 민족들과 우스 땅의
모든 왕과 블레셋 사람의 땅 모든 왕
과 아스글론과 가사와 에그론과 아스
돗의 나머지 사람들과
21 에돔과 모압과 암몬 자손과
22 두로의 모든 왕과 시돈의 모든 왕과
바다 건너쪽 섬의 왕들과
23 드단과 데마와 부스와 살쩍을 깎은
모든 자와
24 아라비아의 모든 왕과 광야에서 섞여
사는 민족들의 모든 왕과
25 시므리의 모든 왕과 엘람의 모든 왕
과 메대의 모든 왕과
26 북쪽 원근의 모든 왕과 지면에 있는
세상의 모든 나라로 마시게 하니라
세삭 왕은 그 후에 마시리라
27 ○ 너는 그들에게 이르기를 만군의 여
호와 이스라엘의 하나님의 말씀에 너
희는 내가 너희 가운데 보내는 칼 앞
에서 마시며 취하여 토하고 엎드러져
다시는 일어나지 말아라 하셨느니라
28 그들이 만일 네 손에서 잔을 받아 마
시기를 거절하거든 너는 그들에게 이
르기를 만군의 여호와께서 말씀하시

19】

20】

21】

22】

23】

24】

25】

26】

27】

28】

기를 너희가 반드시 마셔야 하리라
29 보라 내가 내 이름으로 일컬음을 받
는 성에서부터 재앙 내리기를 시작하
였은즉 너희가 어찌 능히 형벌을 면
할 수 있느냐 면하지 못하리니 이는
내가 칼을 불러 세상의 모든 주민을
칠 것임이라 하셨다 하라 만군의 여
호와의 말씀이니라
30 ○ 그러므로 너는 그들에게 이 모든
말로 예언하여 이르기를 여호와께서
높은 데서 포효하시고 그의 거룩한
처소에서 소리를 내시며 그의 초장을
향하여 크게 부르시고 세상 모든 주
민에 대하여 포도 밟는 자 같이 흥겹
게 노래하시리라
31 요란한 소리가 땅 끝까지 이름은 여
호와께서 뭇 민족과 다투시며 모든
육체를 심판하시며 악인을 칼에 내어
주셨음이라 여호와의 말씀이니라
32 ○ 만군의 여호와께서 이와 같이 말
씀하시니라 보라 재앙이 나서 나라에
서 나라에 미칠 것이며 큰 바람이 땅
끝에서 일어날 것이라
33 그 날에 여호와에게 죽임을 당한 자
가 땅 이 끝에서 땅 저 끝에 미칠 것이
나 그들을 위하여 애곡하는 자도 없
고 시신을 거두어 주는 자도 없고 매

29】

30】

31】

32】

33】

장하여 주는 자도 없으리니 그들은
지면에서 분토가 되리로다
34 너희 목자들아 외쳐 애곡하라 너희
양 떼의 인도자들아 잿더미에서 뒹굴
라 이는 너희가 도살 당할 날과 흩음
을 당할 기한이 찼음인즉 너희가 귀
한 그릇이 떨어짐 같이 될 것이라
35 목자들은 도망할 수 없겠고 양 떼의
인도자들은 도주할 수 없으리로다
36 목자들이 부르짖는 소리와 양 떼의
인도자들이 애곡하는 소리여 여호와
가 그들의 초장을 황폐하게 함이로다
37 평화로운 목장들이 여호와의 진노하
시는 열기 앞에서 적막하게 되리라
38 그가 젊은 사자 같이 그 굴에서 나오
셨으니 그 호통치시는 분의 분노와
그의 극렬한 진노로 말미암아 그들의
땅이 폐허가 되리로다 하시니라

34】

35】

36】

37】

38】

여호와의 성전 뜰에서 말씀을 전하다

26
1 유다의 왕 요시야의 아들 여호야
김이 다스리기 시작한 때에 여호와
께로부터 이 말씀이 임하여 이르시되
2 여호와께서 이와 같이 말씀하시니라
너는 여호와의 성전 뜰에 서서 유다
모든 성읍에서 여호와의 성전에 와서
예배하는 자에게 내가 네게 명령하여

1】

2】

이르게 한 모든 말을 전하되 한 마디
도 감하지 말라
3 그들이 듣고 혹시 각각 그 악한 길에
서 돌아오리라 그리하면 내가 그들의
악행으로 말미암아 그들에게 재앙을
내리려 하던 뜻을 돌이키리라
4 너는 그들에게 이와 같이 이르라 여
호와의 말씀에 너희가 나를 순종하지
아니하며 내가 너희 앞에 둔 내 율법
을 행하지 아니하며
5 내가 너희에게 나의 종 선지자들을
꾸준히 보내 그들의 말을 순종하라고
하였으나 너희는 순종하지 아니하였
느니라
6 내가 이 성전을 실로 같이 되게 하고
이 성을 세계 모든 민족의 저줏거리
가 되게 하리라 하셨느니라
7 예레미야가 여호와의 성전에서 이 말
을 하매 제사장들과 선지자들과 모든
백성이 듣더라
8 ○ 예레미야가 여호와께서 명령하신
말씀을 모든 백성에게 전하기를 마치
매 제사장들과 선지자들과 모든 백성
이 그를 붙잡고 이르되 네가 반드시
죽어야 하리라
9 어찌하여 네가 여호와의 이름을 의
지하고 예언하여 이르기를 이 성전이

3】

4】

5】

6】

7】

8】

9】

실로 같이 되겠고 이 성이 황폐하여
주민이 없으리라 하느냐 하며 그 모
든 백성이 여호와의 성전에서 예레미
야를 향하여 모여드니라
10 ○ 유다의 고관들이 이 말을 듣고 왕
궁에서 여호와의 성전으로 올라가 여
호와의 성전 새 대문의 입구에 앉으매
11 제사장들과 선지자들이 고관들과 모
든 백성에게 말하여 이르되 이 사람
은 죽는 것이 합당하니 너희 귀로 들
음 같이 이 성에 관하여 예언하였음
이라
12 예레미야가 모든 고관과 백성에게 말
하여 이르되 여호와께서 나를 보내사
너희가 들은 바 모든 말로 이 성전과
이 성을 향하여 예언하게 하셨느니라
13 그런즉 너희는 너희 길과 행위를 고
치고 너희 하나님 여호와의 목소리
를 청종하라 그리하면 여호와께서 너
희에게 선언하신 재앙에 대하여 뜻을
돌이키시리라
14 보라 나는 너희 손에 있으니 너희 의
견에 좋은 대로, 옳은 대로 하려니와
15 너희는 분명히 알아라 너희가 나를
죽이면 반드시 무죄한 피를 너희 몸
과 이 성과 이 성 주민에게 돌리는 것
이니라 이는 여호와께서 진실로 나를

10】

11】

12】

13】

14】

15】

년 월 일

보내사 이 모든 말을 너희 귀에 말하
게 하셨음이라
16 ○ 고관들과 모든 백성이 제사장들과
선지자들에게 이르되 이 사람이 우리
하나님 여호와의 이름으로 우리에게
말하였으니 죽일 만한 이유가 없느
니라
17 그러자 그 지방의 장로 중 몇 사람이
일어나 백성의 온 회중에게 말하여
이르기를
18 유다의 왕 히스기야 시대에 모레셋
사람 미가가 유다의 모든 백성에게
예언하여 이르되 만군의 여호와께서
이와 같이 말씀하셨느니라 시온은 밭
같이 경작지가 될 것이며 예루살렘은
돌 무더기가 되며 이 성전의 산은 산
당의 숲과 같이 되리라 하였으나
19 유다의 왕 히스기야와 모든 유다가
그를 죽였느냐 히스기야가 여호와를
두려워하여 여호와께 간구하매 여호
와께서 그들에게 선언한 재앙에 대하
여 뜻을 돌이키지 아니하셨느냐 우리
가 이같이 하면 우리의 생명을 스스
로 심히 해롭게 하는 것이니라
20 ○ 또 여호와의 이름으로 예언한 사
람이 있었는데 곧 기럇여아림 스마
야의 아들 우리야라 그가 예레미야의

16】

17】

18】

19】

20】

모든 말과 같이 이 성과 이 땅에 경고
하여 예언하매
21 여호야김 왕과 그의 모든 용사와 모
든 고관이 그의 말을 듣고서 왕이 그
를 죽이려 하매 우리야가 그 말을 듣
고 두려워 애굽으로 도망하여 간지라
22 여호야김 왕이 사람을 애굽으로 보내
되 곧 악볼의 아들 엘라단과 몇 사람
을 함께 애굽으로 보냈더니
23 그들이 우리야를 애굽에서 연행하여
여호야김 왕에게로 그를 데려오매 왕
이 칼로 그를 죽이고 그의 시체를 평
민의 묘지에 던지게 하니라
24 사반의 아들 아히감의 손이 예레미야
를 도와 주어 그를 백성의 손에 내어
주지 아니하여 죽이지 못하게 하니라

21】
22】
23】
24】

거짓 선지자들과 싸우는 예레미야

27
1 유다의 왕 요시야의 아들 여호야
김이 다스리기 시작할 때에 여호와
께서 말씀으로 예레미야에게 임하시
니라
2 여호와께서 이와 같이 내게 말씀하시
되 너는 줄과 멍에를 만들어 네 목에
걸고
3 유다의 왕 시드기야를 보러 예루살렘
에 온 사신들의 손에도 그것을 주어

1】
2】
3】

에돔의 왕과 모압의 왕과 암몬 자손
의 왕과 두로의 왕과 시돈의 왕에게
보내며
4 그들에게 명령하여 그들의 주에게 말
하게 하기를 만군의 여호와 이스라엘
의 하나님께서 이와 같이 말씀하시되
너희는 너희의 주에게 이같이 전하라
5 나는 내 큰 능력과 나의 쳐든 팔로 땅
과 지상에 있는 사람과 짐승들을 만
들고 내가 보기에 옳은 사람에게 그
것을 주었노라
6 이제 내가 이 모든 땅을 내 종 바벨론
의 왕 느부갓네살의 손에 주고 또 들
짐승들을 그에게 주어서 섬기게 하였
나니
7 모든 나라가 그와 그의 아들과 손자
를 그 땅의 기한이 이르기까지 섬기
리라 또한 많은 나라들과 큰 왕들이
그 자신을 섬기리라
8 여호와의 말씀이니라 바벨론의 왕 느
부갓네살을 섬기지 아니하며 그 목으
로 바벨론의 왕의 멍에를 메지 아니
하는 백성과 나라는 내가 그들이 멸
망하기까지 칼과 기근과 전염병으로
그 민족을 벌하리라
9 너희는 너희 선지자나 복술가나 꿈
꾸는 자나 술사나 요술자가 이르기를

4】

5】

6】

7】

8】

9】

너희가 바벨론의 왕을 섬기게 되지
아니하리라 하여도 너희는 듣지 말라
10 그들은 너희에게 거짓을 예언하여 너 10】
희가 너희 땅에서 멀리 떠나게 하며
또 내가 너희를 몰아내게 하며 너희
를 멸망하게 하느니라
11 그러나 그 목으로 바벨론의 왕의 멍 11】
에를 메고 그를 섬기는 나라는 내가
그들을 그 땅에 머물러 밭을 갈며 거
기서 살게 하리라 하셨다 하라 여호
와의 말씀이니라 하시니라
12 ○ 내가 이 모든 말씀대로 유다의 왕 12】
시드기야에게 전하여 이르되 왕과 백
성은 바벨론 왕의 멍에를 목에 메고
그와 그의 백성을 섬기소서 그리하면
사시리라
13 어찌하여 당신과 당신의 백성이 여호 13】
와께서 바벨론의 왕을 섬기지 아니하
는 나라에 대하여 하신 말씀과 같이 칼
과 기근과 전염병에 죽으려 하나이까
14 그러므로 당신들은 바벨론의 왕을 섬 14】
기게 되지 아니하리라 하는 선지자의
말을 듣지 마소서 그들은 거짓을 예
언함이니이다
15 이는 여호와의 말씀이니라 내가 그 15】
들을 보내지 아니하였거늘 그들이 내
이름으로 거짓을 예언하니 내가 너희

를 몰아내리니 너희와 너희에게 예언
하는 선지자들이 멸망하리라
16 ○ 내가 또 제사장들과 그 모든 백성
에게 전하여 이르되 여호와께서 이와
같이 말씀하시기를 보라 여호와의 성
전의 기구를 이제 바벨론에서 속히
돌려오리라고 너희에게 예언하는 선
지자들의 말을 듣지 말라 이는 그들
이 거짓을 예언함이니라 하셨나니
17 너희는 그들의 말을 듣지 말고 바벨
론의 왕을 섬기라 그리하면 살리라
어찌하여 이 성을 황무지가 되게 하
려느냐
18 만일 그들이 선지자이고 여호와의 말
씀을 가지고 있다면 그들이 여호와의
성전에와 유다의 왕의 궁전에와 예루
살렘에 남아 있는 기구를 바벨론으로
옮겨가지 못하도록 만군의 여호와께
구하여야 할 것이니라
19 만군의 여호와께서 기둥들과 큰 대야
와 받침들과 이 성에 남아 있는 기구
에 대하여 이같이 말씀하시나니
20 이것은 바벨론의 왕 느부갓네살이 유
다의 왕 여호야김의 아들 여고니야와
유다와 예루살렘 모든 귀인을 예루살
렘에서 바벨론으로 사로잡아 옮길 때
에 가져가지 아니하였던 것이라

16】

17】

18】

19】

20】

21 만군의 여호와 이스라엘의 하나님께
서 여호와의 성전과 유다의 왕의 궁
전과 예루살렘에 남아 있는 그 기구
에 대하여 이와 같이 말씀하셨느니라
22 그것들이 바벨론으로 옮겨지고 내가
이것을 돌보는 날까지 거기에 있을
것이니라 그 후에 내가 그것을 올려
와 이 곳에 그것들을 되돌려 두리라
여호와의 말씀이니라

21】

22】

예레미야와 하나냐

28 1 그 해 곧 유다 왕 시드기야가 다스
리기 시작한 지 사 년 다섯째 달 기
브온앗술의 아들 선지자 하나냐가 여
호와의 성전에서 제사장들과 모든 백
성이 보는 앞에서 내게 말하여 이르되
2 만군의 여호와 이스라엘의 하나님이
이같이 일러 말씀하시기를 내가 바벨
론의 왕의 멍에를 꺾었느니라
3 내가 바벨론의 왕 느부갓네살이 이
곳에서 빼앗아 바벨론으로 옮겨 간
여호와의 성전 모든 기구를 이 년 안
에 다시 이 곳으로 되돌려 오리라
4 내가 또 유다의 왕 여호야김의 아들
여고니야와 바벨론으로 간 유다 모든
포로를 다시 이 곳으로 돌아오게 하
리니 이는 내가 바벨론의 왕의 멍에

1】

2】

3】

4】

를 꺾을 것임이라 여호와의 말씀이니
라 하시니라
5 선지자 예레미야가 여호와의 성전에
서 있는 제사장들과 모든 백성들이
보는 앞에서 선지자 하나냐에게 말하
니라
6 선지자 예레미야가 말하니라 아멘, 여
호와는 이같이 하옵소서 여호와께서
네가 예언한 말대로 이루사 여호와의
성전 기구와 모든 포로를 바벨론에서
이 곳으로 되돌려 오시기를 원하노라
7 그러나 너는 내가 네 귀와 모든 백성
의 귀에 이르는 이 말을 잘 들으라
8 나와 너 이전의 선지자들이 예로부터
많은 땅들과 큰 나라들에 대하여 전쟁
과 재앙과 전염병을 예언하였느니라
9 평화를 예언하는 선지자는 그 예언자
의 말이 응한 후에야 그가 진실로 여
호와께서 보내신 선지자로 인정 받게
되리라
10 선지자 하나냐가 선지자 예레미야의
목에서 멍에를 빼앗아 꺾고
11 모든 백성 앞에서 하나냐가 말하여
이르되 여호와께서 이와 같이 말씀하
시니라 내가 이 년 안에 모든 민족의
목에서 바벨론의 왕 느부갓네살의 멍
에를 이와 같이 꺾어 버리리라 하셨

5】
6】
7】
8】
9】
10】
11】

느니라 하매 선지자 예레미야가 자기
의 길을 가니라
12 ○ 선지자 하나냐가 선지자 예레미야
의 목에서 멍에를 꺾어 버린 후에 여
호와의 말씀이 예레미야에게 임하니
라 이르시기를
13 너는 가서 하나냐에게 말하여 이르기
를 여호와의 말씀에 네가 나무 멍에
들을 꺾었으나 그 대신 쇠 멍에들을
만들었느니라
14 만군의 여호와 이스라엘의 하나님께
서 이와 같이 말씀하시니라 내가 쇠
멍에로 이 모든 나라의 목에 메워 바
벨론의 왕 느부갓네살을 섬기게 하였
으니 그들이 그를 섬기리라 내가 들
짐승도 그에게 주었느니라 하라
15 선지자 예레미야가 선지자 하나냐에
게 이르되 하나냐여 들으라 여호와께
서 너를 보내지 아니하셨거늘 네가
이 백성에게 거짓을 믿게 하는도다
16 그러므로 여호와께서 이와 같이 말씀
하시되 내가 너를 지면에서 제하리니
네가 여호와께 패역한 말을 하였음이
라 네가 금년에 죽으리라 하셨느니라
하더니
17 선지자 하나냐가 그 해 일곱째 달에
죽었더라

12】

13】

14】

15】

16】

17】

포로에게 보낸 예레미야의 편지

29 1 선지자 예레미야가 예루살렘에서
이같은 편지를 느부갓네살이 예루
살렘에서 바벨론으로 끌고 간 포로
중 남아 있는 장로들과 제사장들과
선지자들과 모든 백성에게 보냈는데
2 그 때는 여고니야 왕과 왕후와 궁중
내시들과 유다와 예루살렘의 고관들
과 기능공과 토공들이 예루살렘에서
떠난 후라
3 유다의 왕 시드기야가 바벨론으로 보
내어 바벨론의 왕 느부갓네살에게로
가게 한 사반의 아들 엘라사와 힐기
야의 아들 그마랴 편으로 말하되
4 만군의 여호와 이스라엘의 하나님께
서 예루살렘에서 바벨론으로 사로잡
혀 가게 한 모든 포로에게 이와 같이
말씀하시니라
5 너희는 집을 짓고 거기에 살며 텃밭
을 만들고 그 열매를 먹으라
6 아내를 맞이하여 자녀를 낳으며 너
희 아들이 아내를 맞이하며 너희 딸
이 남편을 맞아 그들로 자녀를 낳게
하여 너희가 거기에서 번성하고 줄어
들지 아니하게 하라
7 너희는 내가 사로잡혀 가게 한 그 성
읍의 평안을 구하고 그를 위하여 여

1】

2】

3】

4】

5】

6】

7】

호와께 기도하라 이는 그 성읍이 평
안함으로 너희도 평안할 것임이라
8 만군의 여호와 이스라엘의 하나님께
서 이와 같이 말하노라 너희 중에 있
는 선지자들에게와 점쟁이에게 미혹
되지 말며 너희가 꾼 꿈도 곧이 듣고
믿지 말라
9 내가 그들을 보내지 아니하였어도 그
들이 내 이름으로 거짓을 예언함이라
여호와의 말씀이니라
10 여호와께서 이와 같이 말씀하시니라
바벨론에서 칠십 년이 차면 내가 너
희를 돌보고 나의 선한 말을 너희에
게 성취하여 너희를 이 곳으로 돌아
오게 하리라
11 여호와의 말씀이니라 너희를 향한 나
의 생각을 내가 아나니 평안이요 재
앙이 아니니라 너희에게 미래와 희망
을 주는 것이니라
12 너희가 내게 부르짖으며 내게 와서
기도하면 내가 너희들의 기도를 들을
것이요
13 너희가 온 마음으로 나를 구하면 나
를 찾을 것이요 나를 만나리라
14 이것은 여호와의 말씀이니라 나는 너
희들을 만날 것이며 너희를 포로된
중에서 다시 돌아오게 하되 내가 쫓

8】

9】

10】

11】

12】

13】

14】

아 보내었던 나라들과 모든 곳에서
모아 사로잡혀 떠났던 그 곳으로 돌
아오게 하리라 이것은 여호와의 말씀
이니라
15 ○ 너희가 말하기를 여호와께서 우리 15】
를 위하여 바벨론에서 선지자를 일으
키셨느니라
16 다윗의 왕좌에 앉은 왕과 이 성에 사 16】
는 모든 백성 곧 너희와 함께 포로 되
어 가지 아니한 너희 형제에게 여호
와께서 이와 같이 말씀하셨느니라
17 만군의 여호와께서 이와 같이 말씀하 17】
시되 보라 내가 칼과 기근과 전염병을
그들에게 보내어 그들에게 상하여 먹
을 수 없는 몹쓸 무화과 같게 하겠고
18 내가 칼과 기근과 전염병으로 그들을 18】
뒤따르게 하며 그들을 세계 여러 나
라 가운데에 흩어 학대를 당하게 할
것이며 내가 그들을 쫓아낸 나라들
가운데에서 저주와 경악과 조소와 수
모의 대상이 되게 하리라
19 여호와의 말씀이니라 너희들이 내 말 19】
을 듣지 않았기 때문이니라 내가 내
종 선지자들을 너희들에게 꾸준히 보
냈으나 너희는 그들의 말을 듣지 않
았느니라 여호와의 말씀이니라
20 그런즉 내가 예루살렘에서 바벨론으 20】

로 보낸 너희 모든 포로여 여호와의
말씀을 들을지니라
21 만군의 여호와 이스라엘의 하나님께
서 골라야의 아들 아합과 마아세야의
아들 시드기야에 대하여 이와 같이
말씀하시니라 그들은 내 이름으로 너
희에게 거짓을 예언한 자라 보라 내
가 그들을 바벨론의 왕 느부갓네살의
손에 넘기리니 그가 너희 눈 앞에서
그들을 죽일 것이라
22 바벨론에 있는 유다의 모든 포로가
그들을 저줏거리로 삼아서 이르기를
여호와께서 너를 바벨론 왕이 불살라
죽인 시드기야와 아합 같게 하시기를
원하노라 하리니
23 이는 그들이 이스라엘 중에서 어리석
게 행하여 그 이웃의 아내와 간음하
며 내가 그들에게 명령하지 아니한
거짓을 내 이름으로 말함이라 나는
알고 있는 자로서 증인이니라 여호와
의 말씀이니라 하시니라

스마야에게 보낸 편지와 여호와의 말씀

24 ○ 너는 느헬람 사람 스마야에게 이
같이 말하여 이르라
25 만군의 여호와 이스라엘의 하나님께
서 이와 같이 말씀하여 이르시되 네
가 네 이름으로 예루살렘에 있는 모

21】

22】

23】

24】

25】

든 백성과 제사장 마아세야의 아들
스바냐와 모든 제사장에게 글을 보내
이르기를
26 여호와께서 너를 제사장 여호야다를
대신하여 제사장을 삼아 여호와의 성
전 감독자로 세우심은 모든 미친 자
와 선지자 노릇을 하는 자들을 목에
씌우는 나무 고랑과 목에 씌우는 쇠
고랑을 채우게 하심이어늘
27 이제 네가 어찌하여 너희 중에 선지
자 노릇을 하는 아나돗 사람 예레미
야를 책망하지 아니하느냐
28 그가 바벨론에 있는 우리에게 편지하
기를 오래 지내야 하리니 너희는 집
을 짓고 살며 밭을 일구고 그 열매를
먹으라 하셨다 하니라
29 제사장 스바냐가 스마야의 글을 선지
자 예레미야에게 읽어서 들려 줄 때에
30 여호와의 말씀이 예레미야에게 임하
여 이르시되
31 너는 모든 포로에게 전언하여 이르기
를 여호와께서 느헬람 사람 스마야를
두고 이같이 말씀하셨느니라 내가 그
를 보내지 아니하였거늘 스마야가 너
희에게 예언하고 너희에게 거짓을 믿
게 하였도다
32 그러므로 여호와께서 이와 같이 말씀

26】
27】
28】
29】
30】
31】
32】

하시니라 보라 내가 느헬람 사람 스
마야와 그의 자손을 벌하리니 그가
나 여호와께 패역한 말을 하였기 때
문에 이 백성 중에 살아 남을 그의 자
손이 하나도 없을 것이라 내가 내 백
성에게 행하려 하는 복된 일을 그가
보지 못하리라 하셨느니라 이것은 여
호와의 말씀이니라

포로를 돌아오게 할 것이라

30
1 여호와께로부터 말씀이 예레미야
에게 임하여 이르시니라
2 이스라엘의 하나님 여호와께서 이와
같이 말씀하여 이르시기를 내가 네게
일러 준 모든 말을 책에 기록하라
3 여호와의 말씀이니라 보라 내가 내
백성 이스라엘과 유다의 포로를 돌아
가게 할 날이 오리니 내가 그들을 그
조상들에게 준 땅으로 돌아오게 할
것이니 그들이 그 땅을 차지하리라
여호와께서 말씀하시니라
4 ○ 여호와께서 이스라엘과 유다에 대
하여 하신 말씀이 이러하니라
5 여호와께서 이와 같이 말씀하시되 우
리가 무서워 떠는 자의 소리를 들으
니 두려움이요 평안함이 아니로다
6 너희는 자식을 해산하는 남자가 있

1】

2】

3】

4】

5】

6】

는가 물어보라 어찌하여 모든 남자가
해산하는 여자 같이 손을 자기 허리
에 대고 모든 얼굴이 겁에 질려 새파
래졌는가
7 슬프다 그 날이여 그와 같이 엄청난
날이 없으리라 그 날은 야곱의 환난
의 때가 됨이로다 그러나 그가 환난
에서 구하여 냄을 얻으리로다
8 만군의 여호와의 말씀이라 그 날에
내가 네 목에서 그 멍에를 꺾어 버리
며 네 포박을 끊으리니 다시는 이방
인을 섬기지 않으리라
9 그들은 그들의 하나님 여호와를 섬기
며 내가 그들을 위하여 세울 그들의
왕 다윗을 섬기리라
10 여호와의 말씀이니라 그러므로 나의
종 야곱아 너는 두려워하지 말라 이
스라엘아 놀라지 말라 내가 너를 먼
곳으로부터 구원하고 네 자손을 잡혀
가 있는 땅에서 구원하리니 야곱이
돌아와서 태평과 안락을 누릴 것이며
두렵게 할 자가 없으리라
11 이는 여호와의 말씀이라 내가 너와
함께 있어 너를 구원할 것이라 너를
흩었던 그 모든 이방을 내가 멸망시
키리라 그럴지라도 너만은 멸망시키
지 아니하리라 그러나 내가 법에 따

7】

8】

9】

10】

11】

라 너를 징계할 것이요 결코 무죄한
자로만 여기지는 아니하리라
12 ○ 여호와께서 이와 같이 말씀하시니
라 네 상처는 고칠 수 없고 네 부상은
중하도다
13 네 송사를 처리할 재판관이 없고 네
상처에는 약도 없고 처방도 없도다
14 너를 사랑하던 자가 다 너를 잊고 찾
지 아니하니 이는 네 악행이 많고 네
죄가 많기 때문에 나는 네 원수가 당
할 고난을 네가 받게 하며 잔인한 징
계를 내렸도다
15 너는 어찌하여 네 상처 때문에 부르
짖느냐 네 고통이 심하도다 네 악행
이 많고 네 죄가 허다하므로 내가 이
일을 너에게 행하였느니라
16 그러므로 너를 먹는 모든 자는 잡아
먹힐 것이며 네 모든 대적은 사로잡
혀 갈 것이고 너에게서 탈취해 간 자
는 탈취를 당할 것이며 너에게서 노
략질한 모든 자는 노략물이 되리라
17 여호와의 말씀이니라 그들이 쫓겨난
자라 하매 시온을 찾는 자가 없은즉
내가 너의 상처로부터 새 살이 돋아
나게 하여 너를 고쳐 주리라
18 ○ 여호와께서 말씀하시니라 보라 내
가 야곱 장막의 포로들을 돌아오게

12】

13】

14】

15】

16】

17】

18】

할 것이고 그 거처들에 사랑을 베풀
것이라 성읍은 그 폐허가 된 언덕 위
에 건축될 것이요 그 보루는 규정에
따라 사람이 살게 되리라
19 그들에게서 감사하는 소리가 나오고
즐거워하는 자들의 소리가 나오리라
내가 그들을 번성하게 하리니 그들의
수가 줄어들지 아니하겠고 내가 그들
을 존귀하게 하리니 그들은 비천하여
지지 아니하리라
20 그의 자손은 예전과 같겠고 그 회중은
내 앞에 굳게 설 것이며 그를 압박하
는 모든 사람은 내가 다 벌하리라
21 그 영도자는 그들 중에서 나올 것이요
그 통치자도 그들 중에서 나오리라 내
가 그를 가까이 오게 하리니 그가 내
게 가까이 오리라 참으로 담대한 마음
으로 내게 가까이 올 자가 누구냐 여
호와의 말씀이니라
22 너희는 내 백성이 되겠고 나는 너희
들의 하나님이 되리라
23 ○ 보라 여호와의 노여움이 일어나
폭풍과 회오리바람처럼 악인의 머리
위에서 회오리칠 것이라
24 여호와의 진노는 그의 마음의 뜻한
바를 행하여 이루기까지는 돌이키지
아니하나니 너희가 끝날에 그것을 깨

19】

20】

21】

22】

23】

24】

달으리라

이스라엘을 다시 세우고 지키시리라

31 1 여호와의 말씀이니라 그 때에 내가
이스라엘 모든 종족의 하나님이 되
고 그들은 내 백성이 되리라
2 여호와께서 이같이 말씀하시니라 칼
에서 벗어난 백성이 광야에서 은혜를
입었나니 곧 내가 이스라엘로 안식을
얻게 하러 갈 때에라
3 옛적에 여호와께서 나에게 나타나사
내가 영원한 사랑으로 너를 사랑하기에
인자함으로 너를 이끌었다 하였노라
4 처녀 이스라엘아 내가 다시 너를 세우
리니 네가 세움을 입을 것이요 네가
다시 소고를 들고 즐거워하는 자들과
함께 춤추며 나오리라
5 네가 다시 사마리아 산들에 포도나무
들을 심되 심는 자가 그 열매를 따기
시작하리라
6 에브라임 산 위에서 파수꾼이 외치는
날이 있을 것이라 이르기를 너희는 일
어나라 우리가 시온에 올라가서 우리
하나님 여호와께로 나아가자 하리라
7 ○ 여호와께서 이와 같이 말씀하시니
라 너희는 여러 민족의 앞에 서서 야
곱을 위하여 기뻐 외치라 너희는 전

1】

2】

3】

4】

5】

6】

7】

파하며 찬양하며 말하라 여호와여 주
의 백성 이스라엘의 남은 자를 구원
하소서 하라
8 보라 나는 그들을 북쪽 땅에서 인도
하며 땅 끝에서부터 모으리라 그들 중
에는 맹인과 다리 저는 사람과 잉태
한 여인과 해산하는 여인이 함께 있
으며 큰 무리를 이루어 이 곳으로 돌
아오리라
9 그들이 울며 돌아오리니 나의 인도함
을 받고 간구할 때에 내가 그들을 넘
어지지 아니하고 물 있는 계곡의 곧은
길로 가게 하리라 나는 이스라엘의 아
버지요 에브라임은 나의 장자니라
10 ○ 이방들이여 너희는 여호와의 말씀
을 듣고 먼 섬에 전파하여 이르기를
이스라엘을 흩으신 자가 그를 모으시
고 목자가 그 양 떼에게 행함 같이 그
를 지키시리로다
11 여호와께서 야곱을 구원하시되 그들
보다 강한 자의 손에서 속량하셨으니
12 그들이 와서 시온의 높은 곳에서 찬
송하며 여호와의 복 곧 곡식과 새 포
도주와 기름과 어린 양의 떼와 소의
떼를 얻고 크게 기뻐하리라 그 심령
은 물 댄 동산 같겠고 다시는 근심이
없으리로다 할지어다

8】

9】

10】

11】

12】

13 그 때에 처녀는 춤추며 즐거워하겠고
청년과 노인은 함께 즐거워하리니 내
가 그들의 슬픔을 돌려서 즐겁게 하
며 그들을 위로하여 그들의 근심으로
부터 기쁨을 얻게 할 것임이라
14 내가 기름으로 제사장들의 마음을 흡
족하게 하며 내 복으로 내 백성을 만
족하게 하리라 여호와의 말씀이니라

라헬의 애곡과 여호와의 위로

15 ○ 여호와께서 이와 같이 말씀하시니
라 라마에서 슬퍼하며 통곡하는 소리
가 들리니 라헬이 그 자식 때문에 애
곡하는 것이라 그가 자식이 없어져서
위로 받기를 거절하는도다
16 여호와께서 이와 같이 말씀하시니라
네 울음 소리와 네 눈물을 멈추어라
네 일에 삯을 받을 것인즉 그들이 그
의 대적의 땅에서 돌아오리라 여호와
의 말씀이니라
17 너의 장래에 소망이 있을 것이라 너
의 자녀가 자기들의 지경으로 돌아오
리라 여호와의 말씀이니라
18 에브라임이 스스로 탄식함을 내가 분
명히 들었노니 주께서 나를 징벌하시
매 멍에에 익숙하지 못한 송아지 같
은 내가 징벌을 받았나이다 주는 나
의 하나님 여호와이시니 나를 이끌어

13】

14】

15】

16】

17】

18】

돌이키소서 그리하시면 내가 돌아오
겠나이다
19 내가 돌이킨 후에 뉘우쳤고 내가 교
훈을 받은 후에 내 볼기를 쳤사오니
이는 어렸을 때의 치욕을 지므로 부
끄럽고 욕됨이니이다 하도다
20 에브라임은 나의 사랑하는 아들 기뻐
하는 자식이 아니냐 내가 그를 책망
하여 말할 때마다 깊이 생각하노라
그러므로 그를 위하여 내 창자가 들
끓으니 내가 반드시 그를 불쌍히 여
기리라 여호와의 말씀이니라
21 ○ 처녀 이스라엘아 너의 이정표를
세우며 너의 푯말을 만들고 큰 길 곧
네가 전에 가던 길을 마음에 두라 돌
아오라 네 성읍들로 돌아오라
22 반역한 딸아 네가 어느 때까지 방황
하겠느냐 여호와가 새 일을 세상에
창조하였나니 곧 여자가 남자를 둘러
싸리라

사로잡힌 자를 돌아오게 할 때

23 ○ 만군의 여호와 이스라엘의 하나
님께서 이와 같이 말씀하시니라 내가
그 사로잡힌 자를 돌아오게 할 때에
그들이 유다 땅과 그 성읍들에서 다
시 이 말을 쓰리니 곧 의로운 처소여,
거룩한 산이여, 여호와께서 네게 복

19】

20】

21】

22】

23】

주시기를 원하노라 할 것이며
24 유다와 그 모든 성읍의 농부와 양 떼
를 인도하는 자가 거기에 함께 살리니
25 이는 내가 그 피곤한 심령을 상쾌하
게 하며 모든 연약한 심령을 만족하
게 하였음이라 하시기로
26 내가 깨어 보니 내 잠이 달았더라
27 ○ 여호와의 말씀이니라 보라 내가
사람의 씨와 짐승의 씨를 이스라엘
집과 유다 집에 뿌릴 날이 이르리니
28 깨어서 그들을 뿌리 뽑으며 무너뜨리
며 전복하며 멸망시키며 괴롭게 하던
것과 같이 내가 깨어서 그들을 세우
며 심으리라 여호와의 말씀이니라
29 그 때에 그들이 말하기를 다시는 아
버지가 신 포도를 먹었으므로 아들들
의 이가 시다 하지 아니하겠고
30 신 포도를 먹는 자마다 그의 이가 신
것 같이 누구나 자기의 죄악으로 말
미암아 죽으리라

새 언약

31 ○ 여호와의 말씀이니라 보라 날이
이르리니 내가 이스라엘 집과 유다
집에 새 언약을 맺으리라
32 이 언약은 내가 그들의 조상들의 손
을 잡고 애굽 땅에서 인도하여 내던
날에 맺은 것과 같지 아니할 것은 내

24】

25】

26】

27】

28】

29】

30】

31】

32】

가 그들의 남편이 되었어도 그들이
내 언약을 깨뜨렸음이라 여호와의 말
씀이니라
33 그러나 그 날 후에 내가 이스라엘 집
과 맺을 언약은 이러하니 곧 내가 나
의 법을 그들의 속에 두며 그들의 마
음에 기록하여 나는 그들의 하나님이
되고 그들은 내 백성이 될 것이라 여
호와의 말씀이니라
34 그들이 다시는 각기 이웃과 형제를
가리켜 이르기를 너는 여호와를 알라
하지 아니하리니 이는 작은 자로부터
큰 자까지 다 나를 알기 때문이라 내
가 그들의 악행을 사하고 다시는 그
죄를 기억하지 아니하리라 여호와의
말씀이니라
35 ○ 여호와께서 이와 같이 말씀하셨느
니라 그는 해를 낮의 빛으로 주셨고
달과 별들을 밤의 빛으로 정하였고 바
다를 뒤흔들어 그 파도로 소리치게 하
나니 그의 이름은 만군의 여호와니라
36 이 법도가 내 앞에서 폐할진대 이스
라엘 자손도 내 앞에서 끊어져 영원
히 나라가 되지 못하리라 여호와의
말씀이니라
37 여호와께서 이와 같이 말씀하시니라
위에 있는 하늘을 측량할 수 있으며

33】

34】

35】

36】

37】

밑에 있는 땅의 기초를 탐지할 수 있
다면 내가 이스라엘 자손이 행한 모
든 일로 말미암아 그들을 다 버리리
라 여호와의 말씀이니라
38 ○ 보라, 날이 이르리니 이 성은 하나
넬 망대로부터 모퉁이에 이르기까지
여호와를 위하여 건축될 것이라 여호
와의 말씀이니라
39 측량줄이 곧게 가렙 언덕 밑에 이르
고 고아로 돌아
40 시체와 재의 모든 골짜기와 기드론
시내에 이르는 모든 고지 곧 동쪽 마
문의 모퉁이에 이르기까지 여호와의
거룩한 곳이니라 영원히 다시는 뽑거
나 전복하지 못할 것이니라

여호와의 말씀대로 아나돗의 밭을 사다

32 1 유다의 시드기야 왕 열째 해 곧 느
부갓네살 열여덟째 해에 여호와의
말씀이 예레미야에게 임하니라
2 그 때에 바벨론 군대는 예루살렘을
에워싸고 선지자 예레미야는 유다의
왕의 궁중에 있는 시위대 뜰에 갇혔
으니
3-5 ○ 이는 그가 예언하기를 여호와
의 말씀에 보라 내가 이 성을 바벨론
왕의 손에 넘기리니 그가 차지할 것

이며 유다 왕 시드기야는 갈대아인의
손에서 벗어나지 못하고 반드시 바벨
론 왕의 손에 넘겨진 바 되리니 입이
입을 대하여 말하고 눈이 서로 볼 것
이며 그가 시드기야를 바벨론으로 끌
어 가리니 시드기야는 내가 돌볼 때
까지 거기에 있으리라 여호와께서 이
와 같이 말씀하시니라 너희가 갈대아
인과 싸울지라도 승리하지 못하리라
하셨다 하였더니 유다 왕 시드기야가
이르되 네가 어찌하여 이같이 예언하
였느냐 하고 그를 가두었음이었더라
6 ○ 예레미야가 이르되 여호와의 말씀
이 내게 임하였느니라 이르시기를
7 보라 네 숙부 살룸의 아들 하나멜이
네게 와서 말하기를 너는 아나돗에
있는 내 밭을 사라 이 기업을 무를 권
리가 네게 있느니라 하리라 하시더니
8 여호와의 말씀과 같이 나의 숙부의
아들 하나멜이 시위대 뜰 안 나에게
와서 이르되 청하노니 너는 베냐민
땅 아나돗에 있는 나의 밭을 사라 기
업의 상속권이 네게 있고 무를 권리
가 네게 있으니 너를 위하여 사라 하
는지라 내가 이것이 여호와의 말씀인
줄 알았으므로
9 내 숙부의 아들 하나멜의 아나돗에

6】

7】

8】

9】

있는 밭을 사는데 은 십칠 세겔을 달
아 주되
10 증서를 써서 봉인하고 증인을 세우고
은을 저울에 달아 주고
11 법과 규례대로 봉인하고 봉인하지 아
니한 매매 증서를 내가 가지고
12 나의 숙부의 아들 하나멜과 매매 증
서에 인 친 증인 앞과 시위대 뜰에 앉
아 있는 유다 모든 사람 앞에서 그 매
매 증서를 마세야의 손자 네리야의
아들 바룩에게 부치며
13 그들의 앞에서 바룩에게 명령하여 이
르되
14 만군의 여호와 이스라엘의 하나님께
서 이와 같이 말씀하시기를 너는 이
증서 곧 봉인하고 봉인하지 않은 매
매 증서를 가지고 토기에 담아 오랫
동안 보존하게 하라
15 만군의 여호와 이스라엘의 하나님께
서 이와 같이 말씀하시니라 사람이
이 땅에서 집과 밭과 포도원을 다시
사게 되리라 하셨다 하니라

예레미야의 기도

16 ○ 내가 매매 증서를 네리야의 아들
바룩에게 넘겨 준 뒤에 여호와께 기
도하여 이르되
17 슬프도소이다 주 여호와여 주께서 큰

10】
11】
12】
13】
14】
15】
16】
17】

능력과 펴신 팔로 천지를 지으셨사오
니 주에게는 할 수 없는 일이 없으시
니이다
18 주는 은혜를 천만인에게 베푸시며 아
버지의 죄악을 그 후손의 품에 갚으
시오니 크고 능력 있으신 하나님이시
요 이름은 만군의 여호와시니이다
19 주는 책략에 크시며 하시는 일에 능
하시며 인류의 모든 길을 주목하시며
그의 길과 그의 행위의 열매대로 보
응하시나이다
20 주께서 애굽 땅에서 표적과 기사를
행하셨고 오늘까지도 이스라엘과 인
류 가운데 그와 같이 행하사 주의 이
름을 오늘과 같이 되게 하셨나이다
21 주께서 표적과 기사와 강한 손과 펴신
팔과 큰 두려움으로 주의 백성 이스
라엘을 애굽 땅에서 인도하여 내시고
22 그들에게 주시기로 그 조상들에게 맹
세하신 바 젖과 꿀이 흐르는 땅을 그
들에게 주셨으므로
23 그들이 들어가서 이를 차지하였거늘
주의 목소리를 순종하지 아니하며 주
의 율법에서 행하지 아니하며 무릇
주께서 행하라 명령하신 일을 행하지
아니하였으므로 주께서 이 모든 재앙
을 그들에게 내리셨나이다

18】

19】

20】

21】

22】

23】

24 보옵소서 이 성을 빼앗으려고 만든
참호가 이 성에 이르렀고 칼과 기근
과 전염병으로 말미암아 이 성이 이
를 치는 갈대아인의 손에 넘긴 바 되
었으니 주의 말씀대로 되었음을 주께
서 보시나이다

24】

25 주 여호와여 주께서 내게 은으로 밭
을 사며 증인을 세우라 하셨으나 이
성은 갈대아인의 손에 넘기신 바 되
었나이다

25】

26 ○ 그 때에 여호와의 말씀이 예레미
야에게 임하여 이르시되

26】

27 나는 여호와요 모든 육체의 하나님이
라 내게 할 수 없는 일이 있겠느냐

27】

28 그러므로 여호와께서 이와 같이 말씀
하시니라 보라 내가 이 성을 갈대아인
의 손과 바벨론의 느부갓네살 왕의 손
에 넘길 것인즉 그가 차지할 것이라

28】

29 이 성을 치는 갈대아인이 와서 이 성
읍에 불을 놓아 성과 집 곧 그 지붕에
서 바알에게 분향하며 다른 신들에게
전제를 드려 나를 격노하게 한 집들
을 사르리니

29】

30 이는 이스라엘 자손과 유다 자손이
예로부터 내 눈 앞에 악을 행하였을
뿐이라 이스라엘 자손은 그의 손으로
만든 것을 가지고 나를 격노하게 한

30】

것뿐이니라 여호와의 말씀이니라
31 이 성이 건설된 날부터 오늘까지 나
의 노여움과 분을 일으키므로 내가
내 앞에서 그것을 옮기려 하노니
32 이는 이스라엘 자손과 유다 자손이
모든 악을 행하여 내 노여움을 일으
켰음이라 그들과 그들의 왕들과 그의
고관들과 그의 제사장들과 그의 선지
자들과 유다 사람들과 예루살렘 주민
들이 다 그러하였느니라
33 그들이 등을 내게로 돌리고 얼굴을
내게로 향하지 아니하며 내가 그들을
가르치되 끊임없이 가르쳤는데도 그
들이 교훈을 듣지 아니하며 받지 아
니하고
34 내 이름으로 일컫는 집에 자기들의
가증한 물건들을 세워서 그 집을 더
럽게 하며
35 힌놈의 아들의 골짜기에 바알의 산당
을 건축하였으며 자기들의 아들들과
딸들을 몰렉 앞으로 지나가게 하였느
니라 그들이 이런 가증한 일을 행하
여 유다로 범죄하게 한 것은 내가 명
령한 것도 아니요 내 마음에 둔 것도
아니니라

영원한 언약

36 ○ 그러나 이스라엘의 하나님 여호와

31】

32】

33】

34】

35】

36】

께서 너희가 말하는 바 칼과 기근과
전염병으로 말미암아 바벨론 왕의 손
에 넘긴 바 되었다 하는 이 성에 대하
여 이와 같이 말씀하시니라
37 보라 내가 노여움과 분함과 큰 분노
로 그들을 쫓아 보내었던 모든 지방
에서 그들을 모아들여 이 곳으로 돌
아오게 하여 안전히 살게 할 것이라
38 그들은 내 백성이 되겠고 나는 그들
의 하나님이 될 것이며
39 내가 그들에게 한 마음과 한 길을 주
어 자기들과 자기 후손의 복을 위하
여 항상 나를 경외하게 하고
40 내가 그들에게 복을 주기 위하여 그
들을 떠나지 아니하리라 하는 영원한
언약을 그들에게 세우고 나를 경외함
을 그들의 마음에 두어 나를 떠나지
않게 하고
41 내가 기쁨으로 그들에게 복을 주되
분명히 나의 마음과 정성을 다하여
그들을 이 땅에 심으리라
42 여호와께서 이와 같이 말씀하시니라
내가 이 백성에게 이 큰 재앙을 내린
것 같이 허락한 모든 복을 그들에게
내리리라
43 너희가 말하기를 황폐하여 사람이나
짐승이 없으며 갈대아인의 손에 넘긴

37】

38】

39】

40】

41】

42】

43】

바 되었다 하는 이 땅에서 사람들이
밭을 사되
44 베냐민 땅과 예루살렘 사방과 유다
성읍들과 산지의 성읍들과 저지대의
성읍들과 네겝의 성읍들에 있는 밭을
은으로 사고 증서를 기록하여 봉인하
고 증인을 세우리니 이는 내가 그들
의 포로를 돌아오게 함이니라 여호와
의 말씀이니라

44】

이스라엘과 유다의 회복에 대한 언약

33 1 예레미야가 아직 시위대 뜰에 갇혀
있을 때에 여호와의 말씀이 그에게
두 번째로 임하니라 이르시되
2 일을 행하시는 여호와, 그것을 만들
며 성취하시는 여호와, 그의 이름을
여호와라 하는 이가 이와 같이 이르
시도다
3 너는 내게 부르짖으라 내가 네게 응
답하겠고 네가 알지 못하는 크고 은
밀한 일을 네게 보이리라
4 이스라엘의 하나님 여호와께서 말씀
하시니라 무리가 이 성읍의 가옥과
유다 왕궁을 헐어서 갈대아인의 참호
와 칼을 대항하여
5 싸우려 하였으나 내가 나의 노여움과
분함으로 그들을 죽이고 그들의 시체

1】

2】

3】

4】

5】

년 월 일

로 이 성을 채우게 하였나니 이는 그
들의 모든 악행으로 말미암아 나의
얼굴을 가리어 이 성을 돌아보지 아
니하였음이라
6 그러나 보라 내가 이 성읍을 치료하
며 고쳐 낫게 하고 평안과 진실이 풍
성함을 그들에게 나타낼 것이며
7 내가 유다의 포로와 이스라엘의 포로
를 돌아오게 하여 그들을 처음과 같
이 세울 것이며
8 내가 그들을 내게 범한 그 모든 죄악
에서 정하게 하며 그들이 내게 범하
며 행한 모든 죄악을 사할 것이라
9 이 성읍이 세계 열방 앞에서 나의 기
쁜 이름이 될 것이며 찬송과 영광이
될 것이요 그들은 내가 이 백성에게
베푼 모든 복을 들을 것이요 내가 이
성읍에 베푼 모든 복과 모든 평안으
로 말미암아 두려워하며 떨리라
10-11 ○ 여호와께서 이와 같이 말씀하
시니라 너희가 가리켜 말하기를 황폐
하여 사람도 없고 짐승도 없다 하던
여기 곧 황폐하여 사람도 없고 주민
도 없고 짐승도 없던 유다 성읍들과
예루살렘 거리에서 즐거워하는 소리,
기뻐하는 소리, 신랑의 소리, 신부의
소리와 및 만군의 여호와께 감사하라,

6】

7】

8】

9】

10】-11】

여호와는 선하시니 그 인자하심이 영
원하다 하는 소리와 여호와의 성전에
감사제를 드리는 자들의 소리가 다시
들리리니 이는 내가 이 땅의 포로를
돌려보내어 지난 날처럼 되게 할 것
임이라 여호와의 말씀이니라
12 ○ 만군의 여호와께서 이와 같이 말
씀하시니라 황폐하여 사람도 없고 짐
승도 없던 이 곳과 그 모든 성읍에 다
시 목자가 살 곳이 있으리니 그의 양
떼를 눕게 할 것이라
13 산지 성읍들과 평지 성읍들과 네겝의
성읍들과 베냐민 땅과 예루살렘 사면
과 유다 성읍들에서 양 떼가 다시 계
수하는 자의 손 아래로 지나리라 여
호와께서 말씀하시니라
14 ○ 여호와의 말씀이니라 보라 내가 이
스라엘 집과 유다 집에 대하여 일러
준 선한 말을 성취할 날이 이르리라
15 그 날 그 때에 내가 다윗에게서 한 공
의로운 가지가 나게 하리니 그가 이
땅에 정의와 공의를 실행할 것이라
16 그 날에 유다가 구원을 받겠고 예루살
렘이 안전히 살 것이며 이 성은 여호
와는 우리의 의라는 이름을 얻으리라
17 여호와께서 이와 같이 말씀하시니라
이스라엘 집의 왕위에 앉을 사람이

12】

13】

14】

15】

16】

17】

다윗에게 영원히 끊어지지 아니할 것
이며
18 내 앞에서 번제를 드리며 소제를 사
르며 다른 제사를 항상 드릴 레위 사
람 제사장들도 끊어지지 아니하리라
하시니라
19 ○ 여호와의 말씀이 예레미야에게 임
하니라 이르시되
20 여호와께서 이와 같이 말씀하시니라
너희가 능히 낮에 대한 나의 언약과
밤에 대한 나의 언약을 깨뜨려 주야
로 그 때를 잃게 할 수 있을진대
21 내 종 다윗에게 세운 나의 언약도 깨
뜨려 그에게 그의 자리에 앉아 다스
릴 아들이 없게 할 수 있겠으며 내가
나를 섬기는 레위인 제사장에게 세운
언약도 파할 수 있으리라
22 하늘의 만상은 셀 수 없으며 바다의 모
래는 측량할 수 없나니 내가 그와 같이
내 종 다윗의 자손과 나를 섬기는 레위
인을 번성하게 하리라 하시니라
23 ○ 여호와의 말씀이 예레미야에게 임
하니라 이르시되
24 이 백성이 말하기를 여호와께서 자기
가 택하신 그들 중에 두 가계를 버리
셨다 한 것을 네가 생각하지 아니하
느냐 그들이 내 백성을 멸시하여 자

18】
19】
20】
21】
22】
23】
24】

기들 앞에서 나라로 인정하지 아니하
도다
25 여호와께서 이와 같이 말씀하시니
라 내가 주야와 맺은 언약이 없다든
지 천지의 법칙을 내가 정하지 아니
하였다면
26 야곱과 내 종 다윗의 자손을 버리고
다시는 다윗의 자손 중에서 아브라함
과 이삭과 야곱의 자손을 다스릴 자
를 택하지 아니하리라 내가 그 포로
된 자를 돌아오게 하고 그를 불쌍히
여기리라

25】

26】

시드기야 왕에 대한 말씀

34 1 바벨론의 느부갓네살 왕과 그의 모
든 군대와 그의 통치하에 있는 땅
의 모든 나라와 모든 백성이 예루살
렘과 그 모든 성읍을 칠 때에 말씀이
여호와께로부터 예레미야에게 임하
여 이르시되
2 이스라엘의 하나님 여호와께서 이와
같이 말씀하시니라 너는 가서 유다의
시드기야 왕에게 아뢰어 이르기를 여
호와의 말씀에 보라 내가 이 성을 바
벨론 왕의 손에 넘기리니 그가 이 성
을 불사를 것이라
3 네가 그의 손에서 벗어나지 못하고

1】

2】

3】

반드시 사로잡혀 그의 손에 넘겨져서
네 눈은 바벨론 왕의 눈을 볼 것이며
그의 입은 네 입을 마주 대하여 말할
것이요 너는 바벨론으로 가리라
4 그러나 유다의 시드기야 왕이여 여호
와의 말씀을 들으라 여호와께서 네게
대하여 이와 같이 말씀하시니라 네가
칼에 죽지 아니하고
5 평안히 죽을 것이며 사람이 너보다
먼저 있은 네 조상들 곧 선왕들에게
분향하던 것 같이 네게 분향하며 너
를 위하여 애통하기를 슬프다 주여
하리니 이는 내가 말하였음이라 여호
와의 말씀이니라 하시니라
6 ○ 선지자 예레미야가 이 모든 말씀
을 예루살렘에서 유다의 시드기야 왕
에게 아뢰니라
7 그 때에 바벨론의 왕의 군대가 예루
살렘과 유다의 남은 모든 성읍들을
쳤으니 곧 라기스와 아세가라 유다의
견고한 성읍 중에 이것들만 남았음이
더라

여호와 앞에서 맺은 계약을 어기다

8 ○ 시드기야 왕이 예루살렘에 있는
모든 백성과 한 가지로 하나님 앞에
서 계약을 맺고 자유를 선포한 후에
여호와께로부터 말씀이 예레미야에

4】

5】

6】

7】

8】

게 임하니라
9 그 계약은 사람마다 각기 히브리 남
녀 노비를 놓아 자유롭게 하고 그의
동족 유다인을 종으로 삼지 못하게
한 것이라
10 이 계약에 가담한 고관들과 모든 백
성이 각기 노비를 자유롭게 하고 다
시는 종을 삼지 말라 함을 듣고 순복
하여 놓았더니
11 후에 그들의 뜻이 변하여 자유를 주
었던 노비를 끌어다가 복종시켜 다시
노비로 삼았더라
12 ○ 그러므로 여호와의 말씀이 여호와
께로부터 예레미야에게 임하니라 이
르시되
13 이스라엘 하나님 여호와께서 이와 같
이 말씀하시니라 내가 너희 선조를
애굽 땅 종의 집에서 인도하여 낼 때
에 그들과 언약을 맺으며 이르기를
14 너희 형제 히브리 사람이 네게 팔려
왔거든 너희는 칠 년 되는 해에 그를
놓아 줄 것이니라 그가 육 년 동안 너
를 섬겼은즉 그를 놓아 자유롭게 할
지니라 하였으나 너희 선조가 내게
순종하지 아니하며 귀를 기울이지도
아니하였느니라
15 그러나 너희는 이제 돌이켜 내 눈 앞

9】

10】

11】

12】

13】

14】

15】

에 바른 일을 행하여 각기 이웃에게
자유를 선포하되 내 이름으로 일컬음
을 받는 집에서 내 앞에서 계약을 맺
었거늘
16 너희가 돌이켜 내 이름을 더럽히고 16】
각기 놓아 그들의 마음대로 자유롭게
하였던 노비를 끌어다가 다시 너희에
게 복종시켜 너희의 노비로 삼았도다
17 ○ 그러므로 여호와께서 이와 같이 17】
말씀하시니라 너희가 나에게 순종
하지 아니하고 각기 형제와 이웃에
게 자유를 선포한 것을 실행하지 아
니하였은즉 내가 너희를 대적하여 칼
과 전염병과 기근에게 자유를 주리라
여호와의 말씀이니라 내가 너희를 세
계 여러 나라 가운데에 흩어지게 할
것이며
18 송아지를 둘로 쪼개고 그 두 조각 사 18】
이로 지나매 내 앞에 언약을 맺었으
나 그 말을 실행하지 아니하여 내 계
약을 어긴 그들을
19 곧 송아지 두 조각 사이로 지난 유다 19】
고관들과 예루살렘 고관들과 내시들
과 제사장들과 이 땅 모든 백성을
20 내가 그들의 원수의 손과 그들의 생 20】
명을 찾는 자의 손에 넘기리니 그들
의 시체가 공중의 새와 땅의 짐승의

먹이가 될 것이며
21 또 내가 유다의 시드기야 왕과 그의
고관들을 그의 원수의 손과 그의 생
명을 찾는 자의 손과 너희에게서 떠나
간 바벨론 왕의 군대의 손에 넘기리라
22 여호와의 말씀이니라 보라 내가 그들
에게 명령하여 이 성읍에 다시 오게
하리니 그들이 이 성을 쳐서 빼앗아
불사를 것이라 내가 유다의 성읍들
을 주민이 없어 처참한 황무지가 되
게 하리라

21】

22】

예레미야와 레갑 사람들

35 1 유다의 요시야 왕의 아들 여호야
김 때에 여호와께로부터 말씀이 예
레미야에게 임하여 이르시되
2 너는 레갑 사람들의 집에 가서 그들
에게 말하고 그들을 여호와의 집 한
방으로 데려다가 포도주를 마시게 하
라 하시니라
3 이에 내가 하바시냐의 손자요 예레미
야의 아들인 야아사냐와 그의 형제와
그의 모든 아들과 모든 레갑 사람들
을 데리고
4 여호와의 집에 이르러 익다랴의 아들
하나님의 사람 하난의 아들들의 방에
들였는데 그 방은 고관들의 방 곁이

1】

2】

3】

4】

요 문을 지키는 살룸의 아들 마아세
야의 방 위더라
5 내가 레갑 사람들의 후손들 앞에 포
도주가 가득한 종지와 술잔을 놓고
마시라 권하매
6 그들이 이르되 우리는 포도주를 마
시지 아니하겠노라 레갑의 아들 우
리 선조 요나답이 우리에게 명령하여
이르기를 너희와 너희 자손은 영원히
포도주를 마시지 말며
7 너희가 집도 짓지 말며 파종도 하지
말며 포도원을 소유하지도 말고 너희
는 평생 동안 장막에 살아라 그리하
면 너희가 머물러 사는 땅에서 너희
생명이 길리라 하였으므로
8 우리가 레갑의 아들 우리 선조 요나
답이 우리에게 명령한 모든 말을 순
종하여 우리와 우리 아내와 자녀가
평생 동안 포도주를 마시지 아니하며
9 살 집도 짓지 아니하며 포도원이나
밭이나 종자도 가지지 아니하고
10 장막에 살면서 우리 선조 요나답이
우리에게 명령한 대로 다 지켜 행하
였노라
11 그러나 바벨론의 느부갓네살 왕이 이
땅에 올라왔을 때에 우리가 말하기를
갈대아인의 군대와 수리아인의 군대

5】

6】

7】

8】

9】

10】

11】

를 피하여 예루살렘으로 가자 하고
우리가 예루살렘에 살았노라
12 ○ 그 때에 여호와의 말씀이 예레미
야에게 임하여 이르시되
13 만군의 여호와 이스라엘의 하나님께
서 이와 같이 말씀하시니라 너는 가
서 유다 사람들과 예루살렘 주민에게
이르기를 너희가 내 말을 들으며 교
훈을 받지 아니하겠느냐 여호와의 말
씀이니라
14 레갑의 아들 요나답이 그의 자손에게
포도주를 마시지 말라 한 그 명령은
실행되도다 그들은 그 선조의 명령
을 순종하여 오늘까지 마시지 아니하
거늘 내가 너희에게 말하고 끊임없이
말하여도 너희는 내게 순종하지 아니
하도다
15 내가 내 종 모든 선지자를 너희에게
보내고 끊임없이 보내며 이르기를 너
희는 이제 각기 악한 길에서 돌이켜
행위를 고치고 다른 신을 따라 그를
섬기지 말라 그리하면 너희는 내가 너
희와 너희 선조에게 준 이 땅에 살리
라 하여도 너희가 귀를 기울이지 아니
하며 내게 순종하지 아니하였느니라
16 레갑의 아들 요나답의 자손은 그의
선조가 그들에게 명령한 그 명령을

12】
13】
14】
15】
16】

지켜 행하나 이 백성은 내게 순종하
지 아니하도다
17 그러므로 만군의 여호와 이스라엘의
하나님께서 이와 같이 말씀하시니라
보라 내가 유다와 예루살렘의 모든 주
민에게 내가 그들에게 대하여 선포한
모든 재앙을 내리리니 이는 내가 그들
에게 말하여도 듣지 아니하며 불러도
대답하지 아니함이니라 하셨다 하라
18 ○ 예레미야가 레갑 사람의 가문에게
이르되 만군의 여호와 이스라엘의 하
나님께서 이와 같이 말씀하시기를 너
희가 너희 선조 요나답의 명령을 순
종하여 그의 모든 규율을 지키며 그
가 너희에게 명령한 것을 행하였도다
19 그러므로 만군의 여호와 이스라엘의
하나님께서 이와 같이 말씀하시니라
레갑의 아들 요나답에게서 내 앞에
설 사람이 영원히 끊어지지 아니하리
라 하시니라

17】

18】

19】

바룩이 여호와의 성전에서 두루마리를 낭독하다

36
1 유다의 요시야 왕의 아들 여호야
김 제사년에 여호와께로부터 예레
미야에게 말씀이 임하니라 이르시되
2 너는 두루마리 책을 가져다가 내가
네게 말하던 날 곧 요시야의 날부터

1】

2】

오늘까지 이스라엘과 유다와 모든 나
라에 대하여 내가 네게 일러 준 모든
말을 거기에 기록하라
3 유다 가문이 내가 그들에게 내리려
한 모든 재난을 듣고 각기 악한 길에
서 돌이키리니 그리하면 내가 그 악
과 죄를 용서하리라 하시니라
4 ○ 이에 예레미야가 네리야의 아들
바룩을 부르매 바룩이 예레미야가 불
러 주는 대로 여호와께서 그에게 이
르신 모든 말씀을 두루마리 책에 기
록하니라
5 예레미야가 바룩에게 명령하여 이르
되 나는 붙잡혔으므로 여호와의 집에
들어갈 수 없으니
6 너는 들어가서 내가 말한 대로 두루
마리에 기록한 여호와의 말씀을 금식
일에 여호와의 성전에 있는 백성의
귀에 낭독하고 유다 모든 성읍에서
온 자들의 귀에도 낭독하라
7 그들이 여호와 앞에 기도를 드리며
각기 악한 길을 떠나리라 여호와께서
이 백성에 대하여 선포하신 노여움과
분이 크니라
8 네리야의 아들 바룩이 선지자 예레미
야가 자기에게 명령한 대로 하여 여
호와의 성전에서 책에 있는 여호와의

3】
4】
5】
6】
7】
8】

모든 말씀을 낭독하니라
9 ○ 유다의 요시야 왕의 아들 여호야
김의 제오년 구월에 예루살렘 모든
백성과 유다 성읍들에서 예루살렘에
이른 모든 백성이 여호와 앞에서 금
식을 선포한지라
10 바룩이 여호와의 성전 위뜰 곧 여호
와의 성전에 있는 새 문 어귀 곁에 있
는 사반의 아들 서기관 그마랴의 방
에서 그 책에 기록된 예레미야의 말
을 모든 백성에게 낭독하니라

바룩이 고관 앞에서 두루마리를 낭독하다

11 ○ 사반의 손자요 그마랴의 아들인
미가야가 그 책에 기록된 여호와의
말씀을 다 듣고
12 왕궁에 내려가서 서기관의 방에 들어
가니 모든 고관 곧 서기관 엘리사마
와 스마야의 아들 들라야와 악볼의
아들 엘라단과 사반의 아들 그마랴와
하나냐의 아들 시드기야와 모든 고관
이 거기에 앉아 있는지라
13 미가야가 바룩이 백성의 귀에 책을 낭
독할 때에 들은 모든 말을 그들에게
전하매
14 이에 모든 고관이 구시의 증손 셀레
먀의 손자 느다냐의 아들 여후디를
바룩에게 보내 이르되 너는 백성의

9】

10】

11】

12】

13】

14】

귀에 낭독한 두루마리를 손에 가지고
오라 네리야의 아들 바룩이 두루마리
를 손에 가지고 그들에게로 오니
15 그들이 바룩에게 이르되 앉아서 이를
우리 귀에 낭독하라 바룩이 그들의
귀에 낭독하매
16 그들이 그 모든 말씀을 듣고 놀라 서
로 보며 바룩에게 이르되 우리가 이
모든 말을 왕에게 아뢰리라
17 그들이 또 바룩에게 물어 이르되 너는
그가 불러 주는 이 모든 말을 어떻게 기
록하였느냐 청하노니 우리에게 알리라
18 바룩이 대답하되 그가 그의 입으로
이 모든 말을 내게 불러 주기로 내가
먹으로 책에 기록하였노라
19 이에 고관들이 바룩에게 이르되 너는
가서 예레미야와 함께 숨고 너희가 있
는 곳을 사람에게 알리지 말라 하니라

왕이 두루마리를 태우다

20 ○ 그들이 두루마리를 서기관 엘리사
마의 방에 두고 뜰에 들어가 왕께 나아
가서 이 모든 말을 왕의 귀에 아뢰니
21 왕이 여후디를 보내어 두루마리를 가
져오게 하매 여후디가 서기관 엘리사
마의 방에서 가져다가 왕과 왕의 곁
에 선 모든 고관의 귀에 낭독하니
22 그 때는 아홉째 달이라 왕이 겨울 궁

15】
16】
17】
18】
19】
20】
21】
22】

전에 앉았고 그 앞에는 불 피운 화로
가 있더라
23 여후디가 서너 쪽을 낭독하면 왕이 면
도칼로 그것을 연하여 베어 화로 불에
던져서 두루마리를 모두 태웠더라
24 왕과 그의 신하들이 이 모든 말을 듣
고도 두려워하거나 자기들의 옷을 찢
지 아니하였고
25 엘라단과 들라야와 그마랴가 왕께 두
루마리를 불사르지 말도록 아뢰어도
왕이 듣지 아니하였으며
26 왕이 왕의 아들 여라므엘과 아스리엘
의 아들 스라야와 압디엘의 아들 셀
레마에게 명령하여 서기관 바룩과 선
지자 예레미야를 잡으라 하였으나 여
호와께서 그들을 숨기셨더라

예레미야가 말씀을 다시 쓰다

27 ○ 왕이 두루마리와 바룩이 예레미야
의 입을 통해 기록한 말씀을 불사른
후에 여호와의 말씀이 예레미야에게
임하니라 이르시되
28 너는 다시 다른 두루마리를 가지고
유다의 여호야김 왕이 불사른 첫 두
루마리의 모든 말을 기록하고
29 또 유다의 여호야김 왕에 대하여 이와
같이 말하기를 여호와의 말씀에 네가
이 두루마리를 불사르며 말하기를 네

23】

24】

25】

26】

27】

28】

29】

가 어찌하여 바벨론의 왕이 반드시 와
서 이 땅을 멸하고 사람과 짐승을 이
땅에서 없어지게 하리라 하는 말을
이 두루마리에 기록하였느냐 하도다
30 그러므로 여호와께서 유다의 왕 여호야
김에 대하여 이와 같이 말씀하시니라
그에게 다윗의 왕위에 앉을 자가 없게
될 것이요 그의 시체는 버림을 당하여
낮에는 더위, 밤에는 추위를 당하리라
31 또 내가 그와 그의 자손과 신하들을
그들의 죄악으로 말미암아 벌할 것이
라 내가 일찍이 그들과 예루살렘 주
민과 유다 사람에게 그 모든 재난을
내리리라 선포하였으나 그들이 듣지
아니하였느니라
32 이에 예레미야가 다른 두루마리를 가
져다가 네리야의 아들 서기관 바룩에
게 주매 그가 유다의 여호야김 왕이
불사른 책의 모든 말을 예레미야가
전하는 대로 기록하고 그 외에도 그
같은 말을 많이 더 하였더라

30】

31】

32】

느부갓네살이 시드기야를 유다 왕으로 삼다

37

1 요시야의 아들 시드기야가 여호야
김의 아들 고니야의 뒤를 이어 왕
이 되었으니 이는 바벨론의 느부갓네
살 왕이 그를 유다 땅의 왕으로 삼음

1】

이었더라
2 그와 그의 신하와 그의 땅 백성이 여
호와께서 선지자 예레미야에게 하신
말씀을 듣지 아니하니라
3 ○ 시드기야 왕이 셀레먀의 아들 여
후갈과 마아세야의 아들 제사장 스바
냐를 선지자 예레미야에게 보내 청하
되 너는 우리를 위하여 우리 하나님
여호와께 기도하라 하였으니
4 그 때에 예레미야가 갇히지 아니하였
으므로 백성 가운데 출입하는 중이었
더라
5 바로의 군대가 애굽에서 나오매 예루
살렘을 에워쌌던 갈대아인이 그 소문
을 듣고 예루살렘에서 떠났더라
6 ○ 여호와의 말씀이 선지자 예레미야
에게 임하여 이르시되
7 이스라엘의 하나님 여호와께서 이와
같이 말씀하시니라 너희를 보내어 내
게 구하게 한 유다의 왕에게 아뢰라
너희를 도우려고 나왔던 바로의 군대
는 자기 땅 애굽으로 돌아가겠고
8 갈대아인이 다시 와서 이 성을 쳐서
빼앗아 불사르리라
9 여호와께서 이와 같이 말씀하시니라
너희는 스스로 속여 말하기를 갈대아
인이 반드시 우리를 떠나리라 하지

2】

3】

4】

5】

6】

7】

8】

9】

말라 그들이 떠나지 아니하리라
10 가령 너희가 너희를 치는 갈대아인의
온 군대를 쳐서 그 중에 부상자만 남
긴다 할지라도 그들이 각기 장막에서
일어나 이 성을 불사르리라

예레미야를 붙잡아 가두다

11 ○ 갈대아인의 군대가 바로의 군대를
두려워하여 예루살렘에서 떠나매
12 예레미야가 베냐민 땅에서 백성 가운
데 분깃을 받으려고 예루살렘을 떠나
그리로 가려 하여
13 베냐민 문에 이른즉 하나냐의 손자요
셀레먀의 아들인 이리야라 이름하는
문지기의 우두머리가 선지자 예레미
야를 붙잡아 이르되 네가 갈대아인에
게 항복하려 하는도다
14 예레미야가 이르되 거짓이다 나는 갈
대아인에게 항복하려 하지 아니하노
라 이리야가 듣지 아니하고 예레미야
를 잡아 고관들에게로 끌어 가매
15 고관들이 노여워하여 예레미야를 때
려서 서기관 요나단의 집에 가두었으
니 이는 그들이 이 집을 옥으로 삼았
음이더라
16 ○ 예레미야가 뜩껑 씌운 웅덩이에
들어간 지 여러 날 만에
17 시드기야 왕이 사람을 보내어 그를

10】

11】

12】

13】

14】

15】

16】

17】

이끌어내고 왕궁에서 그에게 비밀히
물어 이르되 여호와께로부터 받은 말
씀이 있느냐 예레미야가 대답하되 있
나이다 또 이르되 왕이 바벨론의 왕
의 손에 넘겨지리이다
18 예레미야가 다시 시드기야 왕에게 이
르되 내가 왕에게나 왕의 신하에게나
이 백성에게 무슨 죄를 범하였기에
나를 옥에 가두었나이까
19 바벨론의 왕이 와서 왕과 이 땅을 치
지 아니하리라고 예언한 왕의 선지자
들이 이제 어디 있나이까
20 내 주 왕이여 이제 청하건대 내게 들
으시며 나의 탄원을 받으사 나를 서
기관 요나단의 집으로 돌려보내지 마
옵소서 내가 거기에서 죽을까 두려워
하나이다
21 이에 시드기야 왕이 명령하여 예레미
야를 감옥 뜰에 두고 떡 만드는 자의
거리에서 매일 떡 한 개씩 그에게 주게
하매 성중에 떡이 떨어질 때까지 이르
니라 예레미야가 감옥 뜰에 머무니라

18】

19】

20】

21】

예레미야가 구덩이에 갇히다

38 1 맛단의 아들 스바댜와 바스훌의 아
들 그다랴와 셀레먀의 아들 유갈과
말기야의 아들 바스훌이 예레미야가

1】

모든 백성에게 이르는 말을 들은즉
이르기를
2 여호와께서 이와 같이 말씀하시되 이
성에 머무는 자는 칼과 기근과 전염
병에 죽으리라 그러나 갈대아인에게
항복하는 자는 살리니 그는 노략물을
얻음 같이 자기의 목숨을 건지리라
3 여호와께서 이와 같이 말씀하시니라
이 성이 반드시 바벨론의 왕의 군대
의 손에 넘어가리니 그가 차지하리라
하셨다 하는지라
4 이에 그 고관들이 왕께 아뢰되 이 사
람이 백성의 평안을 구하지 아니하고
재난을 구하오니 청하건대 이 사람을
죽이소서 그가 이같이 말하여 이 성
에 남은 군사의 손과 모든 백성의 손
을 약하게 하나이다
5 시드기야 왕이 이르되 보라 그가 너
희 손 안에 있느니라 왕은 조금도 너
희를 거스를 수 없느니라 하는지라
6 그들이 예레미야를 끌어다가 감옥 뜰
에 있는 왕의 아들 말기야의 구덩이
에 던져 넣을 때에 예레미야를 줄로
달아내렸는데 그 구덩이에는 물이 없
고 진창뿐이므로 예레미야가 진창 속
에 빠졌더라
7 ○ 왕궁 내시 구스인 에벳멜렉이 그

2】

3】

4】

5】

6】

7】

들이 예레미야를 구덩이에 던져 넣었
음을 들으니라 그 때에 왕이 베냐민
문에 앉았더니
8 에벳멜렉이 왕궁에서 나와 왕께 아뢰
어 이르되
9 내 주 왕이여 저 사람들이 선지자 예
레미야에게 행한 모든 일은 악하니이
다 성 중에 떡이 떨어졌거늘 그들이
그를 구덩이에 던져 넣었으니 그가
거기에서 굶어 죽으리이다 하니
10 왕이 구스 사람 에벳멜렉에게 명령하
여 이르되 너는 여기서 삼십 명을 데
리고 가서 선지자 예레미야가 죽기
전에 그를 구덩이에서 끌어내라
11 에벳멜렉이 사람들을 데리고 왕궁 곳
간 밑 방에 들어가서 거기에서 헝겊
과 낡은 옷을 가져다가 그것을 구덩이
에 있는 예레미야에게 밧줄로 내리며
12 구스인 에벳멜렉이 예레미야에게 이
르되 당신은 이 헝겊과 낡은 옷을 당
신의 겨드랑이에 대고 줄을 그 아래
에 대시오 예레미야가 그대로 하매
13 그들이 줄로 예레미야를 구덩이에서
끌어낸지라 예레미야가 시위대 뜰에
머무니라

시드기야가 예레미야에게 묻다

14 ○ 시드기야 왕이 사람을 보내어 선

8】

9】

10】

11】

12】

13】

14】

지자 예레미야를 여호와의 성전 셋째
문으로 데려오게 하고 왕이 예레미야
에게 이르되 내가 네게 한 가지 일을
물으리니 한 마디도 내게 숨기지 말라
15 예레미야가 시드기야에게 이르되 내
가 이 일을 왕에게 아시게 하여도 왕
이 결코 나를 죽이지 아니하시리이까
가령 내가 왕을 권한다 할지라도 왕
이 듣지 아니하시리이다
16 시드기야 왕이 비밀히 예레미야에게
맹세하여 이르되 우리에게 이 영혼을
지으신 여호와께서 살아 계심을 두고
맹세하노니 내가 너를 죽이지도 아니
하겠으며 네 생명을 찾는 그 사람들의
손에 넘기지도 아니하리라 하는지라
17 ○ 예레미야가 시드기야에게 이르되
만군의 하나님이신 이스라엘의 하나
님 여호와께서 이와 같이 말씀하시되
네가 만일 바벨론의 왕의 고관들에게
항복하면 네 생명이 살겠고 이 성이
불사름을 당하지 아니하겠고 너와 네
가족이 살려니와
18 네가 만일 나가서 바벨론의 왕의 고
관들에게 항복하지 아니하면 이 성이
갈대아인의 손에 넘어가리니 그들이
이 성을 불사를 것이며 너는 그들의
손을 벗어나지 못하리라 하셨나이다

15】

16】

17】

18】

19 시드기야 왕이 예레미야에게 이르되
나는 갈대아인에게 항복한 유다인을
두려워하노라 염려하건대 갈대아인
이 나를 그들의 손에 넘기면 그들이
나를 조롱할까 하노라 하는지라
20 예레미야가 이르되 그 무리가 왕을
그들에게 넘기지 아니하리이다 원하
옵나니 내가 왕에게 아뢴 바 여호와
의 목소리에 순종하소서 그리하면 왕
이 복을 받아 생명을 보전하시리이다
21 그러나 만일 항복하기를 거절하시면
여호와께서 내게 보이신 말씀대로 되
리이다
22 보라 곧 유다 왕궁에 남아 있는 모든
여자가 바벨론 왕의 고관들에게로 끌
려갈 것이요 그 여자들은 네게 말하
기를 네 친구들이 너를 꾀어 이기고
네 발이 진흙에 빠짐을 보고 물러갔
도다 하리라
23 네 아내들과 자녀는 갈대아인에게로
끌려가겠고 너는 그들의 손에서 벗어
나지 못하고 바벨론 왕의 손에 잡히
리라 또 네가 이 성읍으로 불사름을
당하게 하리라 하셨나이다
24 ○ 시드기야가 예레미야에게 이르되
너는 이 말을 어느 사람에게도 알리
지 말라 그리하면 네가 죽지 아니하

19】

20】

21】

22】

23】

24】

리라
25 만일 고관들이 내가 너와 말하였다
함을 듣고 와서 네게 말하기를 네가
왕에게 말씀한 것을 우리에게 전하라
우리에게 숨기지 말라 그리하면 우리
가 너를 죽이지 아니하리라 또 왕이
네게 말씀한 것을 전하라 하거든
26 그들에게 대답하되 내가 왕 앞에 간
구하기를 나를 요나단의 집으로 되돌
려 보내지 마소서 그리하여 거기서 죽
지 않게 하옵소서 하였다 하라 하니라
27 모든 고관이 예레미야에게 와서 물으
매 그가 왕이 명령한 모든 말대로 대
답하였으므로 일이 탄로되지 아니하
였고 그들은 그와 더불어 말하기를
그쳤더라
28 예레미야가 예루살렘이 함락되는 날
까지 감옥 뜰에 머물렀더라

25】

26】

27】

28】

예루살렘이 함락되다
(왕하 25:1-12; 렘 52:4-16)

39
1 유다의 시드기야 왕의 제구년 열
째 달에 바벨론의 느부갓네살 왕과
그의 모든 군대가 와서 예루살렘을
에워싸고 치더니
2 시드기야의 제십일년 넷째 달 아홉째
날에 성이 함락되니라 예루살렘이 함
락되매

1】

2】

3 바벨론의 왕의 모든 고관이 나타나
중문에 앉으니 곧 네르갈사레셀과 삼
갈네부와 내시장 살스김이니 네르갈
사레셀은 궁중 장관이며 바벨론의 왕
의 나머지 고관들도 있더라
4 ○ 유다의 시드기야 왕과 모든 군사
가 그들을 보고 도망하되 밤에 왕의
동산 길을 따라 두 담 샛문을 통하여
성읍을 벗어나서 아라바로 갔더니
5 갈대아인의 군대가 그들을 따라 여리
고 평원에서 시드기야에게 미쳐 그를
잡아서 데리고 하맛 땅 립나에 있는
바벨론의 느부갓네살 왕에게로 올라
가매 왕이 그를 심문하였더라
6 바벨론의 왕이 립나에서 시드기야의
눈 앞에서 그의 아들들을 죽였고 왕
이 또 유다의 모든 귀족을 죽였으며
7 왕이 또 시드기야의 눈을 빼게 하고
바벨론으로 옮기려고 사슬로 결박하
였더라
8 갈대아인들이 왕궁과 백성의 집을 불
사르며 예루살렘 성벽을 헐었고
9 사령관 느부사라단이 성중에 남아 있
는 백성과 자기에게 항복한 자와 그
외의 남은 백성을 잡아 바벨론으로
옮겼으며
10 사령관 느부사라단이 아무 소유가 없

3】

4】

5】

6】

7】

8】

9】

10】

는 빈민을 유다 땅에 남겨 두고 그 날
에 포도원과 밭을 그들에게 주었더라

예레미야가 석방되다

11 ○ 바벨론의 느부갓네살 왕이 예레미
야에 대하여 사령관 느부사라단에게
명령하여 이르되
12 그를 데려다가 선대하고 해하지 말며
그가 네게 말하는 대로 행하라
13 이에 사령관 느부사라단과 내시장 느
부사스반과 궁중 장관 네르갈사레셀
과 바벨론 왕의 모든 장관이
14 사람을 보내어 예레미야를 감옥 뜰에
서 데리고 사반의 손자 아히감의 아
들 그다랴에게 넘겨서 그를 집으로
데려가게 하매 그가 백성 가운데에
사니라

여호와께서 에벳멜렉에게 구원을 약속하시다

15 ○ 예레미야가 감옥 뜰에 갇혔을 때
에 여호와의 말씀이 그에게 임하니라
이르시되
16 너는 가서 구스인 에벳멜렉에게 말하
기를 만군의 여호와 이스라엘의 하나
님의 말씀에 내가 이 성에 재난을 내
리고 복을 내리지 아니하리라 한 나
의 말이 그 날에 네 눈 앞에 이루리라
17 여호와의 말씀이니라 내가 그 날에
너를 구원하리니 네가 그 두려워하는

11】

12】

13】

14】

15】

16】

17】

사람들의 손에 넘겨지지 아니하리라
18 내가 반드시 너를 구원할 것인즉 네
가 칼에 죽지 아니하고 네가 노략물
같이 네 목숨을 얻을 것이니 이는 네
가 나를 믿었음이라 여호와의 말씀이
니라 하시더라

18】

40

1 사령관 느부사라단이 예루살렘과
유다의 포로를 바벨론으로 옮기는
중에 예레미야도 잡혀 사슬로 결박되
어 가다가 라마에서 풀려난 후에 말
씀이 여호와께로부터 예레미야에게
임하니라
2 사령관이 예레미야를 불러다가 이르
되 네 하나님 여호와께서 이 곳에 이
재난을 선포하시더니
3 여호와께서 그가 말씀하신 대로 행하
셨으니 이는 너희가 여호와께 범죄하
고 그의 목소리에 순종하지 아니하였
으므로 이제 이루어졌도다 이 일이
너희에게 임한 것이니라
4 보라 내가 오늘 네 손의 사슬을 풀어
너를 풀어 주노니 만일 네가 나와 함
께 바벨론으로 가는 것을 좋게 여기
거든 가자 내가 너를 선대하리라 만
일 나와 함께 바벨론으로 가는 것을
좋지 않게 여기거든 그만 두라 보라

1】

2】

3】

4】

온 땅이 네 앞에 있나니 네가 좋게 여
기는 대로 옳게 여기는 곳으로 갈지
니라 하니라
5 예레미야가 아직 돌이키기 전에 그가
다시 이르되 너는 바벨론의 왕이 유
다 성읍들을 맡도록 세운 사반의 손
자 아히감의 아들 그다랴에게로 돌아
가서 그와 함께 백성 가운데 살거나
네가 옳게 여기는 곳으로 가거나 할
지니라 하고 그 사령관이 그에게 양
식과 선물을 주어 보내매
6 예레미야가 미스바로 가서 아히감의
아들 그다랴에게로 나아가서 그 땅에
남아 있는 백성 가운데서 그와 함께
사니라

유다 총독 그다랴(왕하 25:22-24)

7 ○ 들에 있는 모든 지휘관과 그 부하
들이 바벨론의 왕이 아히감의 아들
그다랴에게 그 땅을 맡기고 남녀와
유아와 바벨론으로 잡혀가지 아니한
빈민을 그에게 위임하였다 함을 듣고
8 그들 곧 느다냐의 아들 이스마엘과
가레아의 두 아들 요하난과 요나단과
단후멧의 아들 스라야와 느도바 사람
에배의 아들들과 마아가 사람의 아들
여사냐와 그들의 사람들이 미스바로
가서 그다랴에게 이르니

5】

6】

7】

8】

9 사반의 손자 아히감의 아들 그다랴가
그들과 그들의 사람들에게 맹세하며
이르되 너희는 갈대아 사람을 섬기기
를 두려워하지 말고 이 땅에 살면서
바벨론의 왕을 섬기라 그리하면 너희
에게 유익하리라
10 보라 나는 미스바에 살면서 우리에게
로 오는 갈대아 사람을 섬기리니 너
희는 포도주와 여름 과일과 기름을
모아 그릇에 저장하고 너희가 얻은
성읍들에 살라 하니라
11 모압과 암몬 자손 중과 에돔과 모든
지방에 있는 유다 사람도 바벨론의
왕이 유다에 사람을 남겨 둔 것과 사
반의 손자 아히감의 아들 그다랴를
그들을 위하여 세웠다 함을 듣고
12 그 모든 유다 사람이 쫓겨났던 각처
에서 돌아와 유다 땅 미스바에 사는
그다랴에게 이르러 포도주와 여름 과
일을 심히 많이 모으니라

그다랴 총독을 죽이다(왕하 25:25-26)

13 ○ 가레아의 아들 요하난과 들에 있
던 모든 군 지휘관들이 미스바에 사
는 그다랴에게 이르러
14 그에게 이르되 암몬 자손의 왕 바알
리스가 네 생명을 빼앗으려 하여 느
다냐의 아들 이스마엘을 보낸 줄 네

9】

10】

11】

12】

13】

14】

가 아느냐 하되 아히감의 아들 그다
랴가 믿지 아니한지라
15 가레아의 아들 요하난이 미스바에서
그다랴에게 비밀히 말하여 이르되 청
하노니 내가 가서 사람이 모르게 느
다냐의 아들 이스마엘을 죽이게 하라
어찌하여 그가 네 생명을 빼앗게 하
여 네게 모인 모든 유다 사람을 흩어
지게 하며 유다의 남은 자로 멸망을
당하게 하랴 하니라
16 그러나 아히감의 아들 그다랴가 가
레아의 아들 요하난에게 이르되 네가
이 일을 행하지 말 것이니라 네가 이
스마엘에 대하여 한 말은 진정이 아
니니라 하니라

15】

16】

41 1 일곱째 달에 왕의 종친 엘리사마의
손자요 느다냐의 아들로서 왕의 장
관인 이스마엘이 열 사람과 함께 미스
바로 가서 아히감의 아들 그다랴에게
이르러 미스바에서 함께 떡을 먹다가
2 느다냐의 아들 이스마엘과 그와 함
께 있던 열 사람이 일어나서 바벨론
의 왕의 그 땅을 위임했던 사반의 손
자 아히감의 아들 그다랴를 칼로 쳐
죽였고
3 이스마엘이 또 미스바에서 그다랴와

1】

2】

3】

함께 있던 모든 유다 사람과 거기에
있는 갈대아 군사를 죽였더라
4 ○ 그가 그다랴를 죽인 지 이틀이 되
었어도 이를 아는 사람이 없었더라
5 그 때에 사람 팔십 명이 자기들의 수
염을 깎고 옷을 찢고 몸에 상처를 내
고 손에 소제물과 유향을 가지고 세
겜과 실로와 사마리아로부터 와서 여
호와의 성전으로 나아가려 한지라
6 느다냐의 아들 이스마엘이 그들을 영
접하러 미스바에서 나와 울면서 가다
가 그들을 만나 아히감의 아들 그다
랴에게로 가자 하더라
7 그들이 성읍 중앙에 이를 때에 느다
냐의 아들 이스마엘이 자기와 함께
있던 사람들과 더불어 그들을 죽여
구덩이 가운데에 던지니라
8 그 중의 열 사람은 이스마엘에게 이르
기를 우리가 밀과 보리와 기름과 꿀을
밭에 감추었으니 우리를 죽이지 말라
하니 그가 그치고 그들을 그의 형제
와 마찬가지로 죽이지 아니하였더라
9 이스마엘이 그다랴에게 속한 사람들
을 죽이고 그 시체를 던진 구덩이는
아사 왕이 이스라엘의 바아사 왕을
두려워하여 팠던 것이라 느다냐의 아
들 이스마엘이 그가 쳐죽인 사람들의

4】

5】

6】

7】

8】

9】

시체를 거기에 채우고

10 미스바에 남아 있는 왕의 딸들과 모
든 백성 곧 사령관 느부사라단이 아
히감의 아들 그다랴에게 위임하였던
바 미스바에 남아 있는 모든 백성을
이스마엘이 사로잡되 곧 느다냐의 아
들 이스마엘이 그들을 사로잡고 암몬
자손에게로 가려고 떠나니라

11 ○ 가레아의 아들 요하난과 그와 함께
있는 모든 군 지휘관이 느다냐의 아들
이스마엘이 행한 모든 악을 듣고

12 모든 사람을 데리고 느다냐의 아들
이스마엘과 싸우러 가다가 기브온 큰
물 가에서 그를 만나매

13 이스마엘과 함께 있던 모든 백성이
가레아의 아들 요하난과 그와 함께
있던 모든 군 지휘관을 보고 기뻐한
지라

14 이에 미스바에서 이스마엘이 사로잡
은 그 모든 백성이 돌이켜 가레아의
아들 요하난에게로 돌아가니

15 느다냐의 아들 이스마엘이 여덟 사람
과 함께 요하난을 피하여 암몬 자손
에게로 가니라

16 가레아의 아들 요하난과 그와 함께
있던 모든 군 지휘관이 느다냐의 아
들 이스마엘이 아히감의 아들 그다

10】

11】

12】

13】

14】

15】

16】

년 월 일

랴를 죽이고 미스바에서 잡아간 모든
남은 백성 곧 군사와 여자와 유아와
내시를 기브온에서 빼앗아 가지고 돌
아와서
17 애굽으로 가려고 떠나 베들레헴 근처
에 있는 게롯김함에 머물렀으니
18 이는 느다냐의 아들 이스마엘이 바벨
론의 왕이 그 땅을 위임한 아히감의
아들 그다랴를 죽였으므로 그들이 갈
대아 사람을 두려워함이었더라

17】

18】

백성이 예레미야에게 기도를 간구하다

42 1 이에 모든 군대의 지휘관과 가레
아의 아들 요하난과 호사야의 아들
여사냐와 백성의 낮은 자로부터 높은
자까지 다 나아와
2 선지자 예레미야에게 이르되 당신은
우리의 탄원을 듣고 이 남아 있는 모
든 자를 위하여 당신의 하나님 여호
와께 기도해 주소서 당신이 보는 바
와 같이 우리는 많은 사람 중에서 남
은 적은 무리이니
3 당신의 하나님 여호와께서 우리가 마
땅히 갈 길과 할 일을 보이시기를 원
하나이다
4 선지자 예레미야가 그들에게 이르되
내가 너희 말을 들었은즉 너희 말대

1】

2】

3】

4】

로 너희 하나님 여호와께 기도하고 무
릇 여호와께서 너희에게 응답하시는
것을 숨김이 없이 너희에게 말하리라
5 그들이 예레미야에게 이르되 우리가
당신의 하나님 여호와께서 당신을 보
내사 우리에게 이르시는 모든 말씀대
로 행하리이다 여호와께서는 우리 가
운데에 진실하고 성실한 증인이 되시
옵소서
6 우리가 당신을 우리 하나님 여호와께
보냄은 그의 목소리가 우리에게 좋든
지 좋지 않든지를 막론하고 순종하려
함이라 우리가 우리 하나님 여호와의
목소리를 순종하면 우리에게 복이 있
으리이다 하니라

여호와의 말씀

7 ○ 십일 후에 여호와의 말씀이 예레
미야에게 임하니
8 그가 가레아의 아들 요하난과 그와 함
께 있는 모든 군 지휘관과 백성의 낮
은 자로부터 높은 자까지 다 부르고
9 그들에게 이르되 너희가 나를 보내어
너희의 간구를 이스라엘의 하나님 여
호와께 드리게 하지 아니하였느냐 그
가 이렇게 이르니라
10 너희가 이 땅에 눌러 앉아 산다면 내
가 너희를 세우고 헐지 아니하며 너

5】

6】

7】

8】

9】

10】

희를 심고 뽑지 아니하리니 이는 내
가 너희에게 내린 재난에 대하여 뜻
을 돌이킴이라
11 여호와의 말씀이니라 너희는 너희가
두려워하는 바벨론의 왕을 겁내지 말
라 내가 너희와 함께 있어 너희를 구
원하며 그의 손에서 너희를 건지리니
두려워하지 말라
12 내가 너희를 불쌍히 여기리니 그도
너희를 불쌍히 여겨 너희를 너희 본
향으로 돌려보내리라 하셨느니라
13 그러나 만일 너희가 너희 하나님 여
호와의 말씀을 복종하지 아니하고 말
하기를 우리는 이 땅에 살지 아니하
리라 하며
14 또 너희가 말하기를 아니라 우리는
전쟁도 보이지 아니하며 나팔 소리도
들리지 아니하며 양식의 궁핍도 당하
지 아니하는 애굽 땅으로 들어가 살
리라 하면 잘못되리라
15 너희 유다의 남은 자여 이제 여호와
의 말씀을 들으라 만군의 여호와 이
스라엘의 하나님께서 이와 같이 말씀
하시되 너희가 만일 애굽에 들어가서
거기에 살기로 고집하면
16 너희가 두려워하는 칼이 애굽 땅으로
따라가서 너희에게 미칠 것이요 너희

11】

12】

13】

14】

15】

16】

가 두려워하는 기근이 애굽으로 급히
따라가서 너희에게 임하리니 너희가
거기에서 죽을 것이라
17 무릇 애굽으로 들어가서 거기에 머물
러 살기로 고집하는 모든 사람은 이와
같이 되리니 곧 칼과 기근과 전염병에
죽을 것인즉 내가 그들에게 내리는 재
난을 벗어나서 남을 자 없으리라
18 ○ 만군의 여호와 이스라엘의 하나님
께서 이와 같이 말씀하시되 나의 노
여움과 분을 예루살렘 주민에게 부은
것 같이 너희가 애굽에 이를 때에 나
의 분을 너희에게 부으리니 너희가
가증함과 놀램과 저주와 치욕 거리가
될 것이라 너희가 다시는 이 땅을 보
지 못하리라 하시도다
19 유다의 남은 자들아 여호와께서 너희
를 두고 하신 말씀에 너희는 애굽으로
가지 말라 하셨고 나도 오늘 너희에게
경고한 것을 너희는 분명히 알라
20 너희가 나를 너희 하나님 여호와께
보내며 이르기를 우리를 위하여 우리
하나님 여호와께 기도하고 우리 하나
님 여호와께서 말씀하신 대로 우리에
게 전하라 우리가 그대로 행하리라
하여 너희 마음을 속였느니라
21 너희 하나님 여호와께서 나를 보내

17】

18】

19】

20】

21】

사 너희에게 명하신 말씀을 내가 오
늘 너희에게 전하였어도 너희가 너희
하나님 여호와의 목소리를 도무지 순
종하지 아니하였은즉
22 너희가 가서 머물려고 하는 곳에서
칼과 기근과 전염병에 죽을 줄 분명
히 알지니라

22】

예레미야가 애굽으로 가다

43 1 예레미야가 모든 백성에게 그들의
하나님 여호와의 말씀 곧 그들의 하
나님 여호와께서 자기를 보내사 그들
에게 이르신 이 모든 말씀을 말하기
를 마치니
2 호사야의 아들 아사랴와 가레아의 아
들 요하난과 모든 오만한 자가 예레
미야에게 말하기를 네가 거짓을 말하
는도다 우리 하나님 여호와께서 너희
는 애굽에서 살려고 그리로 가지 말
라고 너를 보내어 말하게 하지 아니
하셨느니라
3 이는 네리야의 아들 바룩이 너를 부
추겨서 우리를 대적하여 갈대아 사람
의 손에 넘겨 죽이며 바벨론으로 붙
잡아가게 하려 함이라
4 이에 가레아의 아들 요하난과 모든
군 지휘관과 모든 백성이 유다 땅에

1】

2】

3】

4】

살라 하시는 여호와의 목소리를 순종
하지 아니하고
5 가레아의 아들 요하난과 모든 군 지
휘관이 유다의 남은 자 곧 쫓겨났던
여러 나라 가운데에서 유다 땅에 살
려 하여 돌아온 자
6 곧 남자와 여자와 유아와 왕의 딸들
과 사령관 느부사라단이 사반의 손자
아히감의 아들 그다랴에게 맡겨 둔
모든 사람과 선지자 예레미야와 네리
야의 아들 바룩을 거느리고
7 애굽 땅에 들어가 다바네스에 이르렀
으니 그들이 여호와의 목소리를 순종
하지 아니함이러라
8 ○ 다바네스에서 여호와의 말씀이 예
레미야에게 임하여 이르시되
9 너는 유다 사람의 눈 앞에서 네 손으
로 큰 돌 여러 개를 가져다가 다바네
스에 있는 바로의 궁전 대문의 벽돌
로 쌓은 축대에 진흙으로 감추라
10 그리고 너는 그들에게 말하기를 만군
의 여호와 이스라엘의 하나님께서 이
와 같이 말씀하시되 보라 내가 내 종
바벨론의 느부갓네살 왕을 불러오리
니 그가 그의 왕좌를 내가 감추게 한
이 돌들 위에 놓고 또 그 화려한 큰 장
막을 그 위에 치리라

5】

6】

7】

8】

9】

10】

11 그가 와서 애굽 땅을 치고 죽일 자는
죽이고 사로잡을 자는 사로잡고 칼로
칠 자는 칼로 칠 것이라
12 내가 애굽 신들의 신당들을 불지르리
라 느부갓네살이 그들을 불사르며 그
들을 사로잡을 것이요 목자가 그의
몸에 옷을 두름 같이 애굽 땅을 자기
몸에 두르고 평안히 그 곳을 떠날 것
이며
13 그가 또 애굽 땅 벧세메스의 석상들을
깨뜨리고 애굽 신들의 신당들을 불사
르리라 하셨다 할지니라 하시니라

11】

12】

13】

애굽의 유다 사람에게 하신 말씀

44 1 애굽 땅에 사는 모든 유다 사람 곧
믹돌과 다바네스와 놉과 바드로스
지방에 사는 자에 대하여 말씀이 예
레미야에게 임하니라 이르시되
2 만군의 여호와 이스라엘의 하나님께
서 이와 같이 말씀하시니라 너희가
예루살렘과 유다 모든 성읍에 내린
나의 모든 재난을 보았느니라 보라
오늘 그것들이 황무지가 되었고 사는
사람이 없나니
3 이는 그들이 자기나 너희나 너희 조
상들이 알지 못하는 다른 신들에게
나아가 분향하여 섬겨서 나의 노여움

1】

2】

3】

을 일으킨 악행으로 말미암음이라
4 내가 나의 모든 종 선지자들을 너희
에게 보내되 끊임없이 보내어 이르기
를 너희는 내가 미워하는 이 가증한
일을 행하지 말라 하였으나
5 그들이 듣지 아니하며 귀를 기울이지
아니하고 다른 신들에게 여전히 분향
하여 그들의 악에서 돌이키지 아니하
였으므로
6 나의 분과 나의 노여움을 쏟아서 유
다 성읍들과 예루살렘 거리를 불살랐
더니 그것들이 오늘과 같이 폐허와
황무지가 되었느니라
7 만군의 하나님 이스라엘의 하나님 여
호와께서 이와 같이 말씀하셨느니라
너희가 어찌하여 큰 악을 행하여 자
기 영혼을 해하며 유다 가운데에서
너희의 남자와 여자와 아이와 젖 먹
는 자를 멸절하여 남은 자가 없게 하
려느냐
8 어찌하여 너희가 너희 손이 만든 것
으로 나의 노여움을 일으켜 너희가
가서 머물러 사는 애굽 땅에서 다른
신들에게 분향함으로 끊어 버림을 당
하여 세계 여러 나라 가운데에서 저
주와 수치 거리가 되고자 하느냐
9 너희가 유다 땅과 예루살렘 거리에서

4】

5】

6】

7】

8】

9】

행한 너희 조상들의 악행과 유다 왕들
의 악행과 왕비들의 악행과 너희의 악
행과 너희 아내들의 악행을 잊었느냐
10 그들이 오늘까지 겸손하지 아니하며
두려워하지도 아니하고 내가 너희와
너희 조상들 앞에 세운 나의 율법과 나
의 법규를 지켜 행하지 아니하느니라
11 ○ 그러므로 만군의 여호와 이스라엘
의 하나님께서 이와 같이 말씀하시니
라 보라 내가 얼굴을 너희에게로 향
하여 환난을 내리고 온 유다를 끊어
버릴 것이며
12 내가 또 애굽 땅에 머물러 살기로 고
집하고 그리로 들어간 유다의 남은
자들을 처단하리니 그들이 다 멸망하
여 애굽 땅에서 엎드러질 것이라 그
들이 칼과 기근에 망하되 낮은 자로
부터 높은 자까지 칼과 기근에 죽어
서 저주와 놀램과 조롱과 수치의 대
상이 되리라
13 내가 예루살렘을 벌한 것 같이 애굽
땅에 사는 자들을 칼과 기근과 전염
병으로 벌하리니
14 애굽 땅에 들어가서 거기에 머물러
살려는 유다의 남은 자 중에 피하거
나 살아 남아 소원대로 돌아와서 살
고자 하여 유다 땅에 돌아올 자가 없

을 것이라 도망치는 자들 외에는 돌
아올 자가 없으리라 하셨느니라
15 ○ 그리하여 자기 아내들이 다른 신
들에게 분향하는 줄을 아는 모든 남
자와 곁에 섰던 모든 여인 곧 애굽 땅
바드로스에 사는 모든 백성의 큰 무
리가 예레미야에게 대답하여 이르되
16 네가 여호와의 이름으로 우리에게 하
는 말을 우리가 듣지 아니하고
17 우리 입에서 낸 모든 말을 반드시 실
행하여 우리가 본래 하던 것 곧 우리
와 우리 선조와 우리 왕들과 우리 고
관들이 유다 성읍들과 예루살렘 거리
에서 하던 대로 하늘의 여왕에게 분향
하고 그 앞에 전제를 드리리라 그 때
에는 우리가 먹을 것이 풍부하며 복
을 받고 재난을 당하지 아니하였더니
18 우리가 하늘의 여왕에게 분향하고 그
앞에 전제 드리던 것을 폐한 후부터
는 모든 것이 궁핍하고 칼과 기근에
멸망을 당하였느니라 하며
19 여인들은 이르되 우리가 하늘의 여왕
에게 분향하고 그 앞에 전제를 드릴
때에 어찌 우리 남편의 허락이 없이
그의 형상과 같은 과자를 만들어 놓
고 전제를 드렸느냐 하는지라
20 ○ 예레미야가 남녀 모든 무리 곧 이

15】

16】

17】

18】

19】

20】

말로 대답하는 모든 백성에게 일러
이르되
21 너희가 너희 선조와 너희 왕들과 고
관들과 유다 땅 백성이 유다 성읍들
과 예루살렘 거리에서 분향한 일을
여호와께서 기억하셨고 그의 마음에
떠오른 것이 아닌가
22 여호와께서 너희 악행과 가증한 행위
를 더 참을 수 없으셨으므로 너희 땅
이 오늘과 같이 황폐하며 놀램과 저
줏거리가 되어 주민이 없게 되었나니
23 너희가 분향하여 여호와께 범죄하였
으며 여호와의 목소리를 순종하지 아
니하고 여호와의 율법과 법규와 여러
증거대로 행하지 아니하였으므로 이
재난이 오늘과 같이 너희에게 일어났
느니라
24 ○ 예레미야가 다시 모든 백성과 모
든 여인에게 말하되 애굽 땅에서 사
는 모든 유다 사람이여 여호와의 말
씀을 들으라
25 만군의 여호와 이스라엘의 하나님께
서 이와 같이 말씀하시되 너희와 너
희 아내들이 입으로 말하고 손으로
이루려 하여 이르기를 우리가 서원한
대로 반드시 이행하여 하늘의 여왕에
게 분향하고 전제를 드리리라 하였은

21】

22】

23】

24】

25】

즉 너희 서원을 성취하며 너희 서원
을 이행하라 하시느니라
26 그러므로 애굽 땅에서 사는 모든 유
다 사람이여 여호와의 말씀을 들으
라 여호와께서 말씀하시되 보라 내가
나의 큰 이름으로 맹세하였은즉 애굽
온 땅에 사는 유다 사람들의 입에서
다시는 내 이름을 부르며 주 여호와
의 살아 계심을 두고 맹세하노라 하
는 자가 없으리라
27 보라 내가 깨어 있어 그들에게 재난
을 내리고 복을 내리지 아니하리니
애굽 땅에 있는 유다 모든 사람이 칼
과 기근에 망하여 멸절되리라
28 그런즉 칼을 피한 소수의 사람이 애
굽 땅에서 나와 유다 땅으로 돌아오
리니 애굽 땅에 들어가서 거기에 머
물러 사는 유다의 모든 남은 자가 내
말과 그들의 말 가운데서 누구의 말
이 진리인지 알리라
29 여호와의 말씀이니라 내가 이 곳에
서 너희를 벌할 표징이 이것이라 내
가 너희에게 재난을 내리리라 한 말
이 반드시 이루어질 것을 그것으로
알게 하리라
30 보라 내가 유다의 시드기야 왕을 그
의 원수 곧 그의 생명을 찾는 바벨론

26】

27】

28】

29】

30】

의 느부갓네살 왕의 손에 넘긴 것 같
이 애굽의 바로 호브라 왕을 그의 원
수들 곧 그의 생명을 찾는 자들의 손
에 넘겨 주리라 여호와께서 이와 같
이 말씀하셨느니라

여호와께서 바룩에게 구원을 약속하시다

45

1 유다의 요시야 왕의 아들 여호야
김 넷째 해에 네리야의 아들 바룩이
예레미야가 불러 주는 대로 이 모든
말을 책에 기록하니라 그 때에 선지자
예레미야가 그에게 말하여 이르되
2 바룩아 이스라엘의 하나님 여호와께
서 네게 이같이 말씀하셨느니라
3 네가 일찍이 말하기를 화로다 여호와
께서 나의 고통에 슬픔을 더하셨으니
나는 나의 탄식으로 피곤하여 평안을
찾지 못하도다
4 너는 그에게 이르라 여호와께서 이
와 같이 말씀하시기를 보라 나는 내
가 세운 것을 헐기도 하며 내가 심은
것을 뽑기도 하나니 온 땅에 그리하
겠거늘
5 네가 너를 위하여 큰 일을 찾느냐 그
것을 찾지 말라 보라 내가 모든 육체
에 재난을 내리리라 그러나 네가 가
는 모든 곳에서는 내가 너에게 네 생

1】

2】

3】

4】

5】

명을 노략물 주듯 하리라 여호와의
말씀이니라

애굽에 관한 여호와의 말씀

46 1 이방 나라들에 대하여 선지자 예레
미야에게 임한 여호와의 말씀이라
2 ○ 애굽에 관한 것이라 곧 유다의 요
시야 왕의 아들 여호야김 넷째 해에
유브라데 강 가 갈그미스에서 바벨론
의 느부갓네살 왕에게 패한 애굽의
왕 바로느고의 군대에 대한 말씀이라
3 ○ 너희는 작은 방패와 큰 방패를 예
비하고 나가서 싸우라
4 너희 기병이여 말에 안장을 지워 타
며 투구를 쓰고 나서며 창을 갈며 갑
옷을 입으라
5 여호와의 말씀이니라 내가 본즉 그들
이 놀라 물러가며 그들의 용사는 패
하여 황급히 도망하며 뒤를 돌아보지
아니함은 어찜이냐 두려움이 그들의
사방에 있음이로다
6 발이 빠른 자도 도망하지 못하며 용
사도 피하지 못하고 그들이 다 북쪽
에서 유브라데 강 가에 넘어지며 엎
드러지는도다
7 강의 물이 출렁임 같고 나일 강이 불
어남 같은 자가 누구냐

1】
2】
3】
4】
5】
6】
7】

8 애굽은 나일 강이 불어남 같고 강물
이 출렁임 같도다 그가 이르되 내가
일어나 땅을 덮어 성읍들과 그 주민
을 멸할 것이라
9 말들아 달려라 병거들아 정신 없이
달려라 용사여 나오라 방패 잡은 구
스 사람과 붓 사람과 활을 당기는 루
딤 사람이여 나올지니라 하거니와
10 그 날은 주 만군의 여호와께서 그의
대적에게 원수 갚는 보복일이라 칼이
배부르게 삼키며 그들의 피를 넘치도
록 마시리니 주 만군의 여호와께서
북쪽 유브라데 강 가에서 희생제물을
받으실 것임이로다
11 처녀 딸 애굽이여 길르앗으로 올라가
서 유향을 취하라 네가 치료를 많이
받아도 효력이 없어 낫지 못하리라
12 네 수치가 나라들에 들렸고 네 부르
짖음은 땅에 가득하였나니 용사가 용
사에게 걸려 넘어져 둘이 함께 엎드
러졌음이라

느부갓네살이 애굽을 치리라

13 ○ 바벨론의 느부갓네살 왕이 와서
애굽 땅을 칠 일에 대하여 선지자 예레
미야에게 이르신 여호와의 말씀이라
14 ○ 너희는 애굽에 선포하며 믹돌과
놉과 다바네스에 선포하여 말하기를

8】

9】

10】

11】

12】

13】

14】

너희는 굳건히 서서 준비하라 네 사
방이 칼에 삼키웠느니라
15 너희 장사들이 쓰러짐은 어찌함이냐
그들이 서지 못함은 여호와께서 그들
을 몰아내신 까닭이니라
16 그가 많은 사람을 넘어지게 하시매
사람이 사람 위에 엎드러지며 이르되
일어나라 우리가 포악한 칼을 피하여
우리 민족에게로, 우리 고향으로 돌아
가자 하도다
17 그들이 그 곳에서 부르짖기를 애굽
의 바로 왕이 망하였도다 그가 기회
를 놓쳤도다
18 만군의 여호와라 일컫는 왕이 이르시
되 나의 삶으로 맹세하노니 그가 과
연 산들 중의 다볼 같이, 해변의 갈멜
같이 오리라
19 애굽에 사는 딸이여 너는 너를 위하
여 포로의 짐을 꾸리라 놉이 황무하
며 불에 타서 주민이 없을 것임이라
20 애굽은 심히 아름다운 암송아지일지
라도 북으로부터 쇠파리 떼가 줄곧
오리라
21 또 그 중의 고용꾼은 살진 수송아지
같아서 돌이켜 함께 도망하고 서지
못하였나니 재난의 날이 이르렀고 벌
받는 때가 왔음이라

15】

16】

17】

18】

19】

20】

21】

22 애굽의 소리가 뱀의 소리 같으리니
이는 그들의 군대가 벌목하는 자 같
이 도끼를 가지고 올 것임이라
23 여호와의 말씀이니라 그들이 황충보
다 많아서 셀 수 없으므로 조사할 수
없는 그의 수풀을 찍을 것이라
24 딸 애굽이 수치를 당하여 북쪽 백성
의 손에 붙임을 당하리로다
25 만군의 여호와 이스라엘의 하나님께
서 말씀하시니라 보라 내가 노의 아
몬과 바로와 애굽과 애굽 신들과 왕
들 곧 바로와 및 그를 의지하는 자들
을 벌할 것이라
26 내가 그들의 생명을 노리는 자의 손
곧 바벨론의 느부갓네살 왕의 손과
그 종들의 손에 넘기리라 그럴지라도
그 후에는 그 땅이 이전 같이 사람 살
곳이 되리라 여호와의 말씀이니라

이스라엘을 구원하리라

27 ○ 내 종 야곱아 두려워하지 말라 이
스라엘아 놀라지 말라 보라 내가 너
를 먼 곳에서 구원하며 네 자손을 포
로된 땅에서 구원하리니 야곱이 돌아
와서 평안하며 걱정 없이 살게 될 것
이라 그를 두렵게 할 자 없으리라
28 여호와의 말씀이니라 내 종 야곱아
내가 너와 함께 있나니 두려워하지

22】

23】

24】

25】

26】

27】

28】

말라 내가 너를 흩었던 그 나라들은
다 멸할지라도 너는 사라지지 아니하
리라 내가 너를 법도대로 징계할 것
이요 결코 무죄한 자로 여기지 아니
하리라 하시니라

블레셋 사람을 유린하시는 날

47 1 바로가 가사를 치기 전에 블레셋
사람에 대하여 선지자 예레미야에
게 임한 여호와의 말씀이라
2 ○ 여호와께서 이와 같이 말씀하시되
보라 물이 북쪽에서 일어나 물결치는
시내를 이루어 그 땅과 그 중에 있는
모든 것과 그 성읍과 거기에 사는 자
들을 휩쓸리니 사람들이 부르짖으며
그 땅 모든 주민이 울부짖으리라
3 군마의 발굽 소리와 달리는 병거 바
퀴가 진동하는 소리 때문에 아버지의
손맥이 풀려서 자기의 자녀를 돌보지
못하리니
4 이는 블레셋 사람을 유린하시며 두로
와 시돈에 남아 있는 바 도와 줄 자를
다 끊어 버리시는 날이 올 것임이라
여호와께서 갑돌 섬에 남아 있는 블
레셋 사람을 유린하시리라
5 가사는 대머리가 되었고 아스글론과
그들에게 남아 있는 평지가 잠잠하게

1】
2】
3】
4】
5】

되었나니 네가 네 몸 베기를 어느 때
까지 하겠느냐
6 오호라 여호와의 칼이여 네가 언제까
지 쉬지 않겠느냐 네 칼집에 들어가
서 가만히 쉴지어다
7 여호와께서 이를 명령하셨은즉 어떻
게 잠잠하며 쉬겠느냐 아스글론과 해
변을 치려 하여 그가 정하셨느니라
하니라

6】

7】

모압의 멸망

48

1 모압에 관한 것이라 만군의 여호와
이스라엘의 하나님께서 이와 같이
말씀하시되 오호라 느보여 그가 유린
당하였도다 기랴다임이 수치를 당하
여 점령되었고 미스갑이 수치를 당하
여 파괴되었으니
2 모압의 찬송 소리가 없어졌도다 헤
스본에서 무리가 그를 해하려고 악을
도모하고 이르기를 와서 그를 끊어서
나라를 이루지 못하게 하자 하는도다
맛멘이여 너도 조용하게 되리니 칼이
너를 뒤쫓아 가리라
3 호로나임에서 부르짖는 소리여 황폐
와 큰 파멸이로다
4 모압이 멸망을 당하여 그 어린이들의
부르짖음이 들리는도다

1】

2】

3】

4】

5 그들이 루힛 언덕으로 올라가면서 울
고 호로나임 내리막 길에서 파멸의
고통스런 울부짖음을 듣는도다
6 도망하여 네 생명을 구원하여 광야의
노간주나무 같이 될지어다
7 네가 네 업적과 보물을 의뢰하므로
너도 정복을 당할 것이요 그모스는
그의 제사장들과 고관들과 함께 포로
되어 갈 것이라
8 파멸하는 자가 각 성읍에 이를 것인
즉 한 성읍도 면하지 못할 것이며 골
짜기가 멸망하였으며 평지는 파멸되
어 여호와의 말씀과 같으리로다
9 모압에 날개를 주어 날아 피하게 하
라 그 성읍들이 황폐하여 거기에 사
는 자가 없으리로다
10 여호와의 일을 게을리 하는 자는 저
주를 받을 것이요 자기 칼을 금하여
피를 흘리지 아니하는 자도 저주를
받을 것이로다

모압이 황폐하였다

11 ○ 모압은 젊은 시절부터 평안하고
포로도 되지 아니하였으므로 마치 술
이 그 찌끼 위에 있고 이 그릇에서 저
그릇으로 옮기지 않음 같아서 그 맛
이 남아 있고 냄새가 변하지 아니하
였도다

5】

6】

7】

8】

9】

10】

11】

12 그러므로 여호와께서 말씀하시니라
날이 이르리니 내가 술을 옮겨 담는 사
람을 보낼 것이라 그들이 기울여서 그
그릇을 비게 하고 그 병들을 부수리니
13 이스라엘 집이 벧엘을 의뢰하므로 수
치를 당한 것 같이 모압이 그모스로
말미암아 수치를 당하리로다
14 너희가 어찌하여 말하기를 우리는 용
사요 능란한 전사라 하느냐
15 만군의 여호와라 일컫는 왕께서 이와
같이 말하노라 모압이 황폐하였도다
그 성읍들은 사라졌고 그 선택 받은
장정들은 내려가서 죽임을 당하니
16 모압의 재난이 가까웠고 그 고난이
속히 닥치리로다
17 그의 사면에 있는 모든 자여, 그의 이
름을 아는 모든 자여, 그를 위로하며
말하기를 어찌하여 강한 막대기, 아름
다운 지팡이가 부러졌는고 할지니라
18 디본에 사는 딸아 네 영화에서 내려
와 메마른 데 앉으라 모압을 파멸하
는 자가 올라와서 너를 쳐서 네 요새
를 깨뜨렸음이로다
19 아로엘에 사는 여인이여 길 곁에 서
서 지키며 도망하는 자와 피하는 자
에게 무슨 일이 생겼는지 물을지어다
20 모압이 패하여 수치를 받나니 너희는

12】

13】

14】

15】

16】

17】

18】

19】

20】

울면서 부르짖으며 아르논 가에서 이
르기를 모압이 황폐하였다 할지어다
21 심판이 평지에 이르렀나니 곧 홀론과
야사와 메바앗과
22 디본과 느보와 벧디블라다임과
23 기랴다임과 벧가물과 벧므온과
24 그리욧과 보스라와 모압 땅 원근 모
든 성읍에로다
25 모압의 뿔이 잘렸고 그 팔이 부러졌
도다 여호와의 말씀이니라

모압이 조롱 거리가 되리라

26 ○ 모압으로 취하게 할지어다 이는
그가 여호와에 대하여 교만함이라 그
가 그 토한 것에서 뒹굴므로 조롱 거
리가 되리로다
27 네가 이스라엘을 조롱하지 아니하였
느냐 그가 도둑 가운데에서 발견되었
느냐 네가 그를 말할 때마다 네 머리
를 흔드는도다
28 모압 주민들아 너희는 성읍을 떠나
바위 사이에 살지어다 출입문 어귀
가장자리에 깃들이는 비둘기 같이 할
지어다
29 우리가 모압의 교만을 들었나니 심한
교만 곧 그의 자고와 오만과 자랑과
그 마음의 거만이로다
30 여호와의 말씀이니라 내가 그의 노여

21】
22】
23】
24】
25】
26】
27】
28】
29】
30】

위함의 허탄함을 아노니 그가 자랑하
여도 아무 것도 성취하지 못하였도다
31 그러므로 내가 모압을 위하여 울며
온 모압을 위하여 부르짖으리니 무리
가 길헤레스 사람을 위하여 신음하리
로다
32 십마의 포도나무여 너의 가지가 바다
를 넘어 야셀 바다까지 뻗었더니 너
의 여름 과일과 포도 수확을 탈취하
는 자가 나타났으니 내가 너를 위하
여 울기를 야셀이 우는 것보다 더하
리로다
33 기쁨과 환희가 옥토와 모압 땅에서
빼앗겼도다 내가 포도주 틀에 포도주
가 끊어지게 하리니 외치며 밟는 자
가 없을 것이라 그 외침은 즐거운 외
침이 되지 못하리로다
34 헤스본에서 엘르알레를 지나 야하스
까지와 소알에서 호로나임을 지나 에
글랏 셀리시야에 이르는 지역에 사는
사람들이 소리를 내어 부르짖음은 니
므림의 물도 황폐하였음이로다
35 여호와의 말씀이라 모압 산당에서 제
사하며 그 신들에게 분향하는 자를
내가 끊어버리리라

모압이 벌 받을 해

36 ○ 그러므로 나의 마음이 모압을 위

31】

32】

33】

34】

35】

36】

하여 피리 같이 소리 내며 나의 마음
이 길헤레스 사람들을 위하여 피리
같이 소리 내나니 이는 그가 모은 재
물이 없어졌음이라
37 모든 사람이 대머리가 되었고 모든
사람이 수염을 밀었으며 손에 칼자국
이 있고 허리에 굵은 베가 둘렸고
38 모압의 모든 지붕과 거리 각처에서
슬피 우는 소리가 들리니 내가 모압
을 마음에 들지 않는 그릇 같이 깨뜨
렸음이라 여호와의 말씀이니라
39 어찌하여 모압이 파괴되었으며 어찌
하여 그들이 애곡하는가 모압이 부끄
러워서 등을 돌렸도다 그런즉 모압이
그 사방 모든 사람의 조롱 거리와 공
포의 대상이 되리로다
40 이는 여호와의 말씀이니라 보라 그가
독수리 같이 날아와서 모압 위에 그
의 날개를 펴리라
41 성읍들이 점령을 당하며 요새가 함락
되는 날에 모압 용사의 마음이 산고
를 당하는 여인 같을 것이라
42 모압이 여호와를 거슬러 자만하였으
므로 멸망하고 다시 나라를 이루지
못하리로다
43 여호와의 말씀이니라 모압 주민아 두
려움과 함정과 올무가 네게 닥치나니

37】

38】

39】

40】

41】

42】

43】

44 두려움에서 도망하는 자는 함정에 떨
어지겠고 함정에서 나오는 자는 올무
에 걸리리니 이는 내가 모압이 벌 받
을 해가 임하게 할 것임이라 여호와
의 말씀이니라
45 ○ 도망하는 자들이 기진하여 헤스본
그늘 아래에 서니 이는 불이 헤스본
에서 나며 불길이 시혼 가운데 나서
모압의 살쩍과 떠드는 자들의 정수리
를 사름이로다
46 모압이여 네게 화가 있도다 그모스
의 백성이 망하였도다 네 아들들은
사로잡혀 갔고 네 딸들은 포로가 되
었도다
47 그러나 내가 마지막 날에 모압의 포
로를 돌려보내리라 여호와의 말씀이
니라 모압의 심판이 여기까지니라

44】

45】

46】

47】

암몬이 받을 심판

49

1 암몬 자손에 대한 말씀이라 여호와
께서 이와 같이 말씀하시되 이스라
엘이 자식이 없느냐 상속자가 없느냐
말감이 갓을 점령하며 그 백성이 그
성읍들에 사는 것은 어찌 됨이냐
2 여호와의 말씀이니라 그러므로 보라
날이 이르리니 내가 전쟁 소리로 암
몬 자손의 랍바에 들리게 할 것이라

1】

2】

랍바는 폐허더미 언덕이 되겠고 그
마을들은 불에 탈 것이며 그 때에 이
스라엘은 자기를 점령하였던 자를 점
령하리라 여호와의 말씀이니라
3 헤스본아 슬피 울지어다 아이가 황폐
하였도다 너희 랍바의 딸들아 부르짖
을지어다 굵은 베를 감고 애통하며
울타리 가운데에서 허둥지둥할지어
다 말감과 그 제사장들과 그 고관들
이 다 사로잡혀 가리로다
4 패역한 딸아 어찌하여 골짜기 곧 네
흐르는 골짜기를 자랑하느냐 네가 어
찌하여 재물을 의뢰하여 말하기를 누
가 내게 대적하여 오리요 하느냐
5 주 만군의 여호와의 말씀이니라 보라
내가 두려움을 네 사방에서 네게 오
게 하리니 너희 각 사람이 앞으로 쫓
겨 나갈 것이요 도망하는 자들을 모
을 자가 없으리라
6 그러나 그 후에 내가 암몬 자손의 포
로를 돌아가게 하리라 여호와의 말씀
이니라

에돔이 받을 심판

7 ○ 에돔에 대한 말씀이라 만군의 여
호와께서 이와 같이 말씀하시되 데만
에 다시는 지혜가 없게 되었느냐 명
철한 자에게 책략이 끊어졌느냐 그들

3】

4】

5】

6】

7】

의 지혜가 없어졌느냐
8 드단 주민아 돌이켜 도망할지어다 깊
은 곳에 숨을지어다 내가 에서의 재
난을 그에게 닥치게 하여 그를 벌할
때가 이르게 하리로다
9 포도를 거두는 자들이 네게 이르면
약간의 열매도 남기지 아니하겠고 밤
에 도둑이 오면 그 욕심이 차기까지
멸하느니라
10 그러나 내가 에서의 옷을 벗겨 그 숨
은 곳이 드러나게 하였나니 그가 그
몸을 숨길 수 없을 것이라 그 자손과
형제와 이웃이 멸망하였은즉 그가 없
어졌느니라
11 네 고아들을 버려도 내가 그들을 살
리리라 네 과부들은 나를 의지할 것
이니라
12 여호와께서 이와 같이 말씀하시니라
보라 술잔을 마시는 습관이 없는 자
도 반드시 마시겠거든 네가 형벌을
온전히 면하겠느냐 면하지 못하리니
너는 반드시 마시리라
13 여호와의 말씀이니라 내가 나를 두고
맹세하노니 보스라가 놀램과 치욕 거
리와 황폐함과 저줏거리가 될 것이
요 그 모든 성읍이 영원히 황폐하리
라 하시니라

8】

9】

10】

11】

12】

13】

14 ○ 내가 여호와에게서부터 오는 소식
을 들었노라 사절을 여러 나라 가운
데 보내어 이르시되 너희는 모여와서
그를 치며 일어나서 싸우라
15 보라 내가 너를 여러 나라 가운데에
서 작아지게 하였고 사람들 가운데에
서 멸시를 받게 하였느니라
16 바위 틈에 살며 산꼭대기를 점령한
자여 스스로 두려운 자인 줄로 여김
과 네 마음의 교만이 너를 속였도다
네가 독수리 같이 보금자리를 높은
데에 지었을지라도 내가 그리로부터
너를 끌어내리리라 이는 여호와의 말
씀이니라
17 에돔이 공포의 대상이 되리니 그리로
지나는 자마다 놀라며 그 모든 재앙
으로 말미암아 탄식하리로다
18 여호와께서 말씀하시니라 소돔과 고
모라와 그 이웃 성읍들이 멸망한 것
같이 거기에 사는 사람이 없으며 그
가운데에 머물러 살 사람이 아무도
없으리라
19 보라 사자가 요단 강의 깊은 숲에서
나타나듯이 그가 와서 견고한 처소를
칠 것이라 내가 즉시 그들을 거기에
서 쫓아내고 택한 자를 내가 그 위에
세우리니 나와 같은 자 누구며 나와

14】

15】

16】

17】

18】

19】

더불어 다툴 자 누구며 내 앞에 설 목
자가 누구냐
20 ○ 그런즉 에돔에 대한 여호와의 의
도와 데만 주민에 대하여 결심하신
여호와의 계획을 들으라 양 떼의 어
린 것들을 그들이 반드시 끌고 다니
며 괴롭히고 그 처소로 황폐하게 하
지 않으랴
21 그들이 넘어지는 소리에 땅이 진동하
며 그가 부르짖는 소리는 홍해에 들
리리라
22 보라 원수가 독수리 같이 날아와서
그의 날개를 보스라 위에 펴는 그 날
에 에돔 용사의 마음이 진통하는 여
인 같이 되리라 하시니라

다메섹이 받을 심판

23 ○ 다메섹에 대한 말씀이라 하맛과
아르밧이 수치를 당하리니 이는 흉한
소문을 듣고 낙담함이니라 바닷가에
서 비틀거리며 평안이 없도다
24 다메섹이 피곤하여 몸을 돌이켜 달아
나려 하니 떨림이 그를 움켜잡고 해
산하는 여인 같이 고통과 슬픔이 그
를 사로잡았도다
25 어찌하여 찬송의 성읍, 나의 즐거운
성읍이 버린 것이 되었느냐
26 이는 만군의 여호와의 말씀이니라 그

20】

21】

22】

23】

24】

25】

26】

런즉 그 날에 그의 장정들은 그 거리
에 엎드러지겠고 모든 군사는 멸절될
것이며
27 내가 다메섹의 성벽에 불을 지르리니
벤하닷의 궁전이 불타리라

게달과 하솔이 받을 심판

28 ○ 바벨론의 느부갓네살 왕에게 공격
을 받은 게달과 하솔 나라들에 대한
말씀이라 여호와께서 이와 같이 말씀
하시되 너희는 일어나 게달로 올라가
서 동방 자손들을 황폐하게 하라
29 너희는 그들의 장막과 양 떼를 빼앗
으며 휘장과 모든 기구와 낙타를 빼
앗아다가 소유로 삼고 그들을 향하여
외치기를 두려움이 사방에 있다 할지
니라
30 여호와의 말씀이니라 하솔 주민아 도
망하라 멀리 가서 깊은 곳에 살라 이
는 바벨론의 느부갓네살 왕이 너를 칠
모략과 너를 칠 계책을 세웠음이라
31 여호와의 말씀이니라 너는 일어나 고
요하고도 평안히 사는 백성 곧 성문
이나 문빗장이 없이 홀로 사는 국민
을 치라
32 그들의 낙타들은 노략물이 되겠고 그
들의 많은 가축은 탈취를 당할 것이
라 내가 그 살쩍을 깎는 자들을 사면

27】

28】

29】

30】

31】

32】

에 흩고 그 재난을 여러 곳에서 오게
하리라 여호와의 말씀이니라
33 하솔은 큰 뱀의 거처가 되어 영원히
황폐하리니 거기 사는 사람이나 그
가운데에 머물러 사는 사람이 아무도
없게 되리라 하시니라

엘람이 받을 심판

34 ○ 유다 왕 시드기야가 즉위한 지 오
래지 아니하여서 엘람에 대한 여호와
의 말씀이 선지자 예레미야에게 임하
여 이르시되
35 만군의 여호와가 이같이 말하노라 보
라 내가 엘람의 힘의 으뜸가는 활을
꺾을 것이요
36 하늘의 사방에서부터 사방 바람을 엘
람에 오게 하여 그들을 사방으로 흩
으리니 엘람에서 쫓겨난 자가 가지
않는 나라가 없으리라
37 여호와의 말씀이니라 내가 엘람으로
그의 원수의 앞, 그의 생명을 노리는
자의 앞에서 놀라게 할 것이며 내가
재앙 곧 나의 진노를 그들 위에 내릴
것이며 내가 또 그 뒤로 칼을 보내어
그들을 멸망시키리라
38 내가 나의 보좌를 엘람에 주고 왕과
고관들을 그 곳에서 멸하리라 여호와
의 말씀이니라

33】

34】

35】

36】

37】

38】

39 그러나 말일에 이르러 내가 엘람의
포로를 돌아가게 하리라 여호와의 말
씀이니라

39】

바벨론이 받을 심판

50 1 여호와께서 선지자 예레미야에게
바벨론과 갈대아 사람의 땅에 대하
여 하신 말씀이라
2 너희는 나라들 가운데에 전파하라 공
포하라 깃발을 세우라 숨김이 없이
공포하여 이르라 바벨론이 함락되고
벨이 수치를 당하며 므로닥이 부스러
지며 그 신상들은 수치를 당하며 우
상들은 부스러진다 하라
3 이는 한 나라가 북쪽에서 나와서 그
를 쳐서 그 땅으로 황폐하게 하여 그
가운데에 사는 자가 없게 할 것임이
라 사람이나 짐승이 다 도망할 것임
이니라
4 여호와의 말씀이니라 그 날 그 때에
이스라엘 자손이 돌아오며 유다 자손
도 함께 돌아오되 그들이 울면서 그
길을 가며 그의 하나님 여호와께 구
할 것이며
5 그들이 그 얼굴을 시온으로 향하여
그 길을 물으며 말하기를 너희는 오
라 잊을 수 없는 영원한 언약으로 여

1】
2】
3】
4】
5】

호와와 연합하라 하리라

바벨론에서 도망하라 갈대아 땅에서 나오라

6 ○ 내 백성은 잃어 버린 양 떼로다 그
목자들이 그들을 곁길로 가게 하여
산으로 돌이키게 하였으므로 그들이
산에서 언덕으로 돌아다니며 쉴 곳을
잊었도다
7 그들을 만나는 자들은 그들을 삼키며
그의 대적은 말하기를 그들이 여호와
곧 의로운 처소시며 그의 조상들의
소망이신 여호와께 범죄하였음인즉
우리는 무죄하다 하였느니라
8 너희는 바벨론 가운데에서 도망하라
갈대아 사람의 땅에서 나오라 양 떼
에 앞서가는 숫염소 같이 하라
9 보라 내가 큰 민족의 무리를 북쪽에
서 올라오게 하여 바벨론을 대항하
게 하리니 그들이 대열을 벌이고 쳐
서 정복할 것이라 그들의 화살은 노
련한 용사의 화살 같아서 허공을 치
지 아니하리라
10 갈대아가 약탈을 당할 것이라 그를
약탈하는 자마다 만족하리라 여호와
의 말씀이니라

바벨론의 멸망

11 ○ 나의 소유를 노략하는 자여 너희
가 즐거워하며 기뻐하고 타작하는 송

6】

7】

8】

9】

10】

11】

아지 같이 발굽을 구르며 군마 같이
우는도다
12 그러므로 너희의 어머니가 큰 수치
를 당하리라 너희를 낳은 자가 치욕
을 당하리라 보라 그가 나라들 가운
데의 마지막과 광야와 마른 땅과 거
친 계곡이 될 것이며
13 여호와의 진노로 말미암아 주민이 없
어 완전히 황무지가 될 것이라 바벨
론을 지나가는 자마다 그 모든 재난
에 놀라며 탄식하리로다
14 바벨론을 둘러 대열을 벌이고 활을 당
기는 모든 자여 화살을 아끼지 말고
쏘라 그가 여호와께 범죄하였음이라
15 그 주위에서 고함을 지르리로다 그가
항복하였고 그 요새는 무너졌고 그
성벽은 허물어졌으니 이는 여호와께
서 그가 행한 대로 그에게 내리시는
보복이라 그가 행한 대로 그에게 갚
으시는도다
16 파종하는 자와 추수 때에 낫을 잡은
자를 바벨론에서 끊어 버리라 사람들
이 그 압박하는 칼을 두려워하여 각
기 동족에게로 돌아가며 고향으로 도
망하리라

이스라엘을 돌아오게 하리라

17 ○ 이스라엘은 흩어진 양이라 사자

12】

13】

14】

15】

16】

17】

들이 그를 따르도다 처음에는 앗수르
왕이 먹었고 다음에는 바벨론의 느부
갓네살 왕이 그의 뼈를 꺾도다
18 그러므로 만군의 여호와 이스라엘의
하나님이 이와 같이 말하노라 보라
내가 앗수르의 왕을 벌한 것 같이 바
벨론의 왕과 그 땅을 벌하고
19 이스라엘을 다시 그의 목장으로 돌
아가게 하리니 그가 갈멜과 바산에서
양을 기를 것이며 그의 마음이 에브
라임과 길르앗 산에서 만족하리라
20 여호와의 말씀이니라 그 날 그 때에
는 이스라엘의 죄악을 찾을지라도 없
겠고 유다의 죄를 찾을지라도 찾아내
지 못하리니 이는 내가 남긴 자를 용
서할 것임이라

여호와께서 바벨론을 심판하시다

21 ○ 이는 여호와의 말씀이니라 너희는
올라가서 므라다임의 땅을 치며 브곳
의 주민을 쳐서 진멸하되 내가 너희
에게 명령한 대로 다하라
22 그 땅에 싸움의 소리와 큰 파멸이 있
으리라
23 온 세계의 망치가 어찌 그리 꺾여 부
서졌는고 바벨론이 어찌 그리 나라들
가운데에 황무지가 되었는고
24 바벨론아 내가 너를 잡으려고 올무를

18】

19】

20】

21】

22】

23】

24】

놓았더니 네가 깨닫지 못하여 걸렸고
네가 여호와와 싸웠으므로 발각되어
잡혔도다
25 여호와께서 그의 병기창을 열고 분노
의 무기를 꺼냄은 주 만군의 여호와
께서 갈대아 사람의 땅에 행할 일이
있음이라
26 먼 곳에 있는 너희는 와서 그를 치고
그의 곳간을 열고 그것을 곡식더미처
럼 쌓아 올려라 그를 진멸하고 남기
지 말라
27 그의 황소를 다 죽이라 그를 도살하
려 내려 보내라 그들에게 화 있도다
그들의 날, 그 벌 받는 때가 이르렀음
이로다
28 바벨론 땅에서 도피한 자의 소리여
시온에서 우리 하나님 여호와의 보복
하시는 것, 그의 성전의 보복하시는
것을 선포하는 소리로다
29 ○ 활 쏘는 자를 바벨론에 소집하라
활을 당기는 자여 그 사면으로 진을
쳐서 피하는 자가 없게 하라 그가 일
한 대로 갚고 그가 행한 대로 그에게
갚으라 그가 이스라엘의 거룩한 자
여호와를 향하여 교만하였음이라
30 그러므로 그 날에 장정들이 그 거리
에 엎드러지겠고 군사들이 멸절되리

25】

26】

27】

28】

29】

30】

라 여호와의 말씀이니라
31 주 만군의 여호와의 말씀이니라 교만
한 자여 보라 내가 너를 대적하나니
너의 날 곧 내가 너를 벌할 때가 이르
렀음이라
32 교만한 자가 걸려 넘어지겠고 그를
일으킬 자가 없을 것이며 내가 그의
성읍들에 불을 지르리니 그의 주위에
있는 것을 다 삼키리라
33 ○ 만군의 여호와께서 이와 같이 말
씀하시니라 이스라엘 자손과 유다 자
손이 함께 학대를 받는도다 그들을
사로잡은 자는 다 그들을 붙들고 놓
아 주지 아니하리라
34 그들의 구원자는 강하니 그의 이름은
만군의 여호와라 반드시 그들 때문에
싸우시리니 그 땅에 평안함을 주고
바벨론 주민은 불안하게 하리라
35 여호와의 말씀이니라 칼이 갈대아인
의 위에와 바벨론 주민의 위에와 그
고관들과 지혜로운 자의 위에 떨어지
리라
36 칼이 자랑하는 자의 위에 떨어지리니
그들이 어리석게 될 것이며 칼이 용
사의 위에 떨어지리니 그들이 놀랄
것이며
37 칼이 그들의 말들과 병거들과 그들

31】

32】

33】

34】

35】

36】

37】

중에 있는 여러 민족의 위에 떨어지
리니 그들이 여인들 같이 될 것이며
칼이 보물 위에 떨어지리니 그것이
약탈되리라
38 가뭄이 물 위에 내리어 그것을 말리
리니 이는 그 땅이 조각한 신상의 땅
이요 그들은 무서운 것을 보고 실성
하였음이니라
39 그러므로 사막의 들짐승이 승냥이와
함께 거기에 살겠고 타조도 그 가운
데에 살 것이요 영원히 주민이 없으
며 대대에 살 자가 없으리라
40 여호와의 말씀이니라 하나님께서 소
돔과 고모라와 그 이웃 성읍들을 뒤
엎었듯이 거기에 사는 사람이 없게
하며 그 가운데에 머물러 사는 사람
이 아무도 없게 하시리라
41 ○ 보라 한 민족이 북쪽에서 오고 큰
나라와 여러 왕이 충동을 받아 땅 끝
에서 일어나리니
42 그들은 활과 투창을 가진 자라 잔인
하여 불쌍히 여기지 아니하며 그들의
목소리는 바다가 설레임 같도다 딸
바벨론아 그들이 말을 타고 무사 같
이 각기 네 앞에서 대열을 갖추었도다
43 바벨론의 왕이 그 소문을 듣고 손이
약하여지며 고통에 사로잡혀 해산하

38】

39】

40】

41】

42】

43】

는 여인처럼 진통하는도다
44 보라 사자가 요단의 깊은 숲에서 나
타나듯이 그가 와서 견고한 처소를 칠
것이라 내가 즉시 그들을 거기에서 쫓
아내고 택한 자를 내가 그 자리에 세
우리니 나와 같은 자 누구며 출두하라
고 나에게 명령할 자가 누구며 내 앞
에 설 목자가 누구냐
45 그런즉 바벨론에 대한 여호와의 계획
과 갈대아 사람의 땅에 대하여 품은
여호와의 생각을 들으라 양 떼의 어린
것들을 그들이 반드시 끌어 가고 그들
의 초장을 황폐하게 하리니
46 바벨론이 약탈 당하는 소리에 땅이 진
동하며 그 부르짖음이 나라들 가운데
에 들리리라 하시도다

44】

45】

46】

바벨론을 멸하시는 여호와

51 1 여호와께서 이와 같이 말씀하시되
보라 내가 멸망시키는 자의 심령을
부추겨 바벨론을 치고 또 나를 대적
하는 자 중에 있는 자를 치되
2 내가 타국인을 바벨론에 보내어 키질
하여 그의 땅을 비게 하리니 재난의
날에 그를 에워싸고 치리로다
3 활을 당기는 자를 향하며 갑옷을 입
고 일어선 자를 향하여 쏘는 자는 그

1】

2】

3】

의 활을 당길 것이라 그의 장정들을
불쌍히 여기지 말며 그의 군대를 전
멸시켜라
4 무리가 갈대아 사람의 땅에서 죽임을
당하여 엎드러질 것이요 관통상을 당
한 자가 거리에 있으리라
5 ○ 이스라엘과 유다가 이스라엘의 거
룩하신 이를 거역하므로 죄과가 땅에
가득하나 그의 하나님 만군의 여호와
에게 버림 받은 홀아비는 아니니라
6 바벨론 가운데서 도망하여 나와서 각
기 생명을 구원하고 그의 죄악으로
말미암아 끊어짐을 보지 말지어다 이
는 여호와의 보복의 때니 그에게 보
복하시리라
7 바벨론은 여호와의 손에 잡혀 있어 온
세계가 취하게 하는 금잔이라 뭇 민
족이 그 포도주를 마심으로 미쳤도다
8 바벨론이 갑자기 넘어져 파멸되니 이
로 말미암아 울라 그 상처를 위하여
유향을 구하라 혹 나으리로다
9 우리가 바벨론을 치료하려 하여도 낫
지 아니한즉 버리고 각기 고향으로
돌아가자 그 화가 하늘에 미쳤고 궁
창에 달하였음이로다
10 여호와께서 우리 공의를 드러내셨으
니 오라 시온에서 우리 하나님 여호

4】

5】

6】

7】

8】

9】

10】

와의 일을 선포하자
11 ○ 화살을 갈며 둥근 방패를 준비하라
여호와께서 메대 왕들의 마음을 부추
기사 바벨론을 멸하기로 뜻하시나니
이는 여호와께서 보복하시는 것 곧 그
의 성전을 위하여 보복하시는 것이라
12 바벨론 성벽을 향하여 깃발을 세우고
튼튼히 지키며 파수꾼을 세우며 복병
을 매복시켜 방비하라 이는 여호와께
서 바벨론 주민에 대하여 말씀하신
대로 계획하시고 행하심이로다
13 많은 물 가에 살면서 재물이 많은 자
여 네 재물의 한계 곧 네 끝이 왔도다
14 만군의 여호와께서 자기의 목숨을 두
고 맹세하시되 내가 진실로 사람을
메뚜기 같이 네게 가득하게 하리니
그들이 너를 향하여 환성을 높이리라
하시도다

여호와를 찬양하다

15 ○ 여호와께서 그의 능력으로 땅을
지으셨고 그의 지혜로 세계를 세우셨
고 그의 명철로 하늘들을 펴셨으며
16 그가 목소리를 내신즉 하늘에 많은
물이 생기나니 그는 땅 끝에서 구름
이 오르게 하시며 비를 위하여 번개
를 치게 하시며 그의 곳간에서 바람
을 내시거늘

11】

12】

13】

14】

15】

16】

17 사람마다 어리석고 무식하도다 금장
색마다 자기가 만든 신상으로 말미암
아 수치를 당하나니 이는 그 부어 만
든 우상은 거짓이요 그 속에 생기가 없
음이라
18 그것들은 헛된 것이요 조롱 거리이니
징벌하시는 때에 멸망할 것이나
19 야곱의 분깃은 그와 같지 아니하시니
그는 만물을 지으신 분이요 이스라엘
은 그의 소유인 지파라 그의 이름은
만군의 여호와시니라

바벨론은 여호와의 철퇴

20 ○ 여호와께서 이르시되 너는 나의
철퇴 곧 무기라 나는 네가 나라들을
분쇄하며 네가 국가들을 멸하며
21 네가 말과 기마병을 분쇄하며 네가
병거와 병거대를 부수며
22 네가 남자와 여자를 분쇄하며 네가
노년과 유년을 분쇄하며 네가 청년과
처녀를 분쇄하며
23 네가 목자와 그 양 떼를 분쇄하며 네가
농부와 그 멍엣소를 분쇄하며 네가 도
백과 태수들을 분쇄하도록 하리로다
24 너희 눈 앞에서 그들이 시온에서 모
든 악을 행한 대로 내가 바벨론과 갈
대아 모든 주민에게 갚으리라 여호와
의 말씀이니라

17】

18】

19】

20】

21】

22】

23】

24】

바벨론이 황무지가 되리라

25 ○ 여호와의 말씀이니라 온 세계를
멸하는 멸망의 산아 보라 나는 네 원
수라 나의 손을 네 위에 펴서 너를 바
위에서 굴리고 너로 불 탄 산이 되게
할 것이니
26 사람이 네게서 집 모퉁잇돌이나 기촛
돌을 취하지 아니할 것이요 너는 영
원히 황무지가 될 것이니라 여호와의
말씀이니라
27 ○ 땅에 깃발을 세우며 나라들 가운
데에 나팔을 불어서 나라들을 동원시
켜 그를 치며 아라랏과 민니와 아스그
나스 나라를 불러 모아 그를 치며 사
무관을 세우고 그를 치되 극성스런 메
뚜기 같이 그 말들을 몰아오게 하라
28 뭇 백성 곧 메대 사람의 왕들과 그 도
백들과 그 모든 태수와 그 관할하는
모든 땅을 준비시켜 그를 치게 하라
29 땅이 진동하며 소용돌이치나니 이는
여호와께서 바벨론을 쳐서 그 땅으로
황폐하여 주민이 없게 할 계획이 섰음
이라
30 바벨론의 용사는 싸움을 그치고 그들
의 요새에 머무르나 기력이 쇠하여 여
인 같이 되며 그들의 거처는 불타고
그 문빗장은 부러졌으며

25】

26】

27】

28】

29】

30】

31 보발꾼은 보발꾼을 맞으려고 달리며
전령은 전령을 맞으려고 달려가 바벨
론의 왕에게 전하기를 그 성읍 사방
이 함락되었으며
32 모든 나루는 빼앗겼으며 갈대밭이 불
탔으며 군사들이 겁에 질렸더이다 하
리라

여호와께서 이스라엘을 위하여 보복하시다

33 ○ 만군의 여호와 이스라엘의 하나님
께서 이와 같이 말씀하시되 딸 바벨론
은 때가 이른 타작 마당과 같은지라 멀
지 않아 추수 때가 이르리라 하시도다
34 바벨론의 느부갓네살 왕이 나를 먹으
며 나를 멸하며 나를 빈 그릇이 되게
하며 큰 뱀 같이 나를 삼키며 나의 좋
은 음식으로 그 배를 채우고 나를 쫓
아내었으니
35 내가 받은 폭행과 내 육체에 대한 학
대가 바벨론에 돌아가기를 원한다고
시온 주민이 말할 것이요 내 피 흘린
죄가 갈대아 주민에게로 돌아가기를
원한다고 예루살렘이 말하리라
36 그러므로 여호와께서 이와 같이 말씀
하시되 보라 내가 네 송사를 듣고 너
를 위하여 보복하여 그의 바다를 말
리며 그의 샘을 말리리니
37 바벨론이 돌무더기가 되어서 승냥이

31】
32】
33】
34】
35】
36】
37】

의 거처와 혐오의 대상과 탄식 거리
가 되고 주민이 없으리라
38 그들이 다 젊은 사자 같이 소리지르
며 새끼 사자 같이 으르렁거리며
39 열정이 일어날 때에 내가 연회를 베
풀고 그들이 취하여 기뻐하다가 영원
히 잠들어 깨지 못하게 하리라 여호
와의 말씀이니라
40 내가 그들을 끌어내려서 어린 양과
숫양과 숫염소가 도살장으로 가는 것
같게 하리라

바벨론의 파멸을 노래하다

41 ○ 슬프다 세삭이 함락되었도다 온
세상의 칭찬 받는 성읍이 빼앗겼도다
슬프다 바벨론이 나라들 가운데에 황
폐하였도다
42 바다가 바벨론에 넘침이여 그 노도
소리가 그 땅을 뒤덮었도다
43 그 성읍들은 황폐하여 마른 땅과 사
막과 사람이 살지 않는 땅이 되었으
니 그리로 지나가는 사람이 없도다
44 내가 벨을 바벨론에서 벌하고 그가 삼
킨 것을 그의 입에서 끌어내리니 민족
들이 다시는 그에게로 몰려가지 아니
하겠고 바벨론 성벽은 무너졌도다
45 ○ 나의 백성아 너희는 그 중에서 나
와 각기 여호와의 진노를 피하라

38】

39】

40】

41】

42】

43】

44】

45】

46 너희 마음을 나약하게 말며 이 땅에
서 들리는 소문으로 말미암아 두려
워하지 말라 소문은 이 해에도 있겠
고 저 해에도 있으리라 그 땅에는 강
포함이 있어 다스리는 자가 다스리는
자를 서로 치리라
47 그러므로 보라 날이 이르리니 내가 바
벨론의 우상들을 벌할 것이라 그 온 땅
이 치욕을 당하겠고 그 죽임 당할 자
가 모두 그 가운데에 엎드러질 것이며
48 하늘과 땅과 그 안에 있는 모든 것이
바벨론으로 말미암아 기뻐 노래하리
니 이는 파멸시키는 자가 북쪽에서
그에게 옴이라 여호와의 말씀이니라
49 바벨론이 이스라엘을 죽여 엎드러뜨
림 같이 온 세상이 바벨론에서 죽임
을 당하여 엎드러지리라

여호와께서 바벨론에 보복하시다

50 ○ 칼을 피한 자들이여 멈추지 말고
걸어가라 먼 곳에서 여호와를 생각하
며 예루살렘을 너희 마음에 두라
51 외국인이 여호와의 거룩한 성전에 들
어가므로 우리가 책망을 들으며 수치
를 당하여 모욕이 우리 얼굴을 덮었
느니라
52 보라 날이 이르리니 내가 그 우상들을
벌할 것이라 부상자들이 그 땅에서 한

46】

47】

48】

49】

50】

51】

52】

숨을 지으리라 여호와의 말씀이니라
53 가령 바벨론이 하늘까지 솟아오른다
하자 높은 곳에 있는 피난처를 요새
로 삼더라도 멸망시킬 자가 내게로부
터 그들에게 임하리라 여호와의 말씀
이니라

바벨론이 황폐하리라

54 ○ 바벨론으로부터 부르짖는 소리가
들리도다 갈대아 사람의 땅에 큰 파
멸의 소리가 들리도다
55 이는 여호와께서 바벨론을 황폐하게
하사 그 큰 소리를 끊으심이로다 원
수는 많은 물 같이 그 파도가 사나우
며 그 물결은 요란한 소리를 내는도다
56 곧 멸망시키는 자가 바벨론에 이르렀
음이라 그 용사들이 사로잡히고 그들
의 활이 꺾이도다 여호와는 보복의 하
나님이시니 반드시 보응하시리로다
57 만군의 여호와라 일컫는 왕이 이와
같이 말씀하시되 내가 그 고관들과
지혜 있는 자들과 도백들과 태수들과
용사들을 취하게 하리니 그들이 영원
히 잠들어 깨어나지 못하리라
58 만군의 여호와께서 이와 같이 말씀하
시니라 바벨론의 성벽은 훼파되겠고
그 높은 문들은 불에 탈 것이며 백성
들의 수고는 헛될 것이요 민족들의 수

53】
54】
55】
56】
57】
58】

고는 불탈 것인즉 그들이 쇠잔하리라

예레미야가 바벨론에 예언을 전하다

59 ○ 유다의 시드기야 왕 제사년에 마
세야의 손자 네리야의 아들 스라야가
그 왕과 함께 바벨론으로 갈 때에 선
지자 예레미야가 그에게 말씀을 명령
하니 스라야는 병참감이더라
60 예레미야가 바벨론에 닥칠 모든 재난
곧 바벨론에 대하여 기록한 이 모든
말씀을 한 책에 기록하고
61 스라야에게 말하기를 너는 바벨론에
이르거든 삼가 이 모든 말씀을 읽고
62 말하기를 여호와여 주께서 이 곳에 대
하여 말씀하시기를 이 땅을 멸하여 사
람이나 짐승이 거기에 살지 못하게 하
고 영원한 폐허가 되리라 하셨나이다
하라 하니라
63 너는 이 책 읽기를 다한 후에 책에 돌
을 매어 유브라데 강 속에 던지며
64 말하기를 바벨론이 나의 재난 때문에
이같이 몰락하여 다시 일어서지 못하
리니 그들이 피폐하리라 하라 하니라
예레미야의 말이 이에 끝나니라

59】

60】

61】

62】

63】

64】

시드기야의 배반과 죽음(왕하 24:18-25:7)

52 1 시드기야가 왕위에 오를 때에 나
이가 이십일 세라 예루살렘에서 십

1】

일 년 동안 다스리니라 그의 어머니
의 이름은 하무달이라 립나인 예레미
야의 딸이더라
2 그가 여호야김의 모든 행위를 본받아
여호와 보시기에 악을 행한지라
3 여호와께서 예루살렘과 유다에게 진
노하심이 그들을 자기 앞에서 쫓아내
시기까지 이르렀더라
○ 시드기야가 바벨론 왕을 배반하
니라
4 시드기야 제구년 열째 달 열째 날에
바벨론 왕 느부갓네살이 그의 모든
군대를 거느리고 예루살렘을 치러 올
라와서 그 성에 대하여 진을 치고 주
위에 토성을 쌓으매
5 그 성이 시드기야 왕 제십일년까지
포위되었더라
6 그 해 넷째 달 구일에 성중에 기근이
심하여 그 땅 백성의 양식이 떨어졌
더라
7 그 성벽이 파괴되매 모든 군사가 밤
중에 그 성에서 나가 두 성벽 사이 왕
의 동산 곁문 길로 도망하여 갈대아
인들이 그 성읍을 에워쌌으므로 그들
이 아라바 길로 가더니
8 갈대아 군대가 그 왕을 뒤쫓아 가서
여리고 평지에서 시드기야를 따라 잡

2】

3】

4】

5】

6】

7】

8】

으매 왕의 모든 군대가 그를 떠나 흩
어진지라
9 그들이 왕을 사로잡아 그를 하맛 땅
리블라에 있는 바벨론 왕에게로 끌고
가매 그가 시드기야를 심문하니라
10 바벨론 왕이 시드기야의 아들들을 그
의 눈 앞에서 죽이고 또 리블라에서
유다의 모든 고관을 죽이며
11 시드기야의 두 눈을 빼고 놋사슬로
그를 결박하여 바벨론 왕이 그를 바
벨론으로 끌고 가서 그가 죽는 날까
지 옥에 가두었더라

여호와의 성전이 헐리다(왕하 25:8-17)

12 ○ 바벨론의 느부갓네살 왕의 열아홉
째 해 다섯째 달 열째 날에 바벨론 왕
의 어전 사령관 느부사라단이 예루살
렘에 이르러
13 여호와의 성전과 왕궁을 불사르고 예
루살렘의 모든 집과 고관들의 집까지
불살랐으며
14 사령관을 따르는 갈대아 사람의 모든
군대가 예루살렘 사면 성벽을 헐었
더라
15 사령관 느부사라단이 백성 중 가난한
자와 성중에 남아 있는 백성과 바벨
론 왕에게 항복한 자와 무리의 남은
자를 사로잡아 갔고

9】
10】
11】
12】
13】
14】
15】

16 가난한 백성은 남겨 두어 포도원을
관리하는 자와 농부가 되게 하였더라
17 ○ 갈대아 사람은 또 여호와의 성전
의 두 놋기둥과 받침들과 여호와의
성전의 놋대야를 깨뜨려 그 놋을 바
벨론으로 가져갔고
18 가마들과 부삽들과 부집게들과 주발
들과 숟가락들과 섬길 때에 쓰는 모
든 놋그릇을 다 가져갔고
19 사령관은 잔들과 화로들과 주발들과
솥들과 촛대들과 숟가락들과 바리들
곧 금으로 만든 물건의 금과 은으로
만든 물건의 은을 가져갔더라
20 솔로몬 왕이 여호와의 성전을 위하여
만든 두 기둥과 한 바다와 그 받침 아
래에 있는 열두 놋 소 곧 이 모든 기
구의 놋 무게는 헤아릴 수 없었더라
21 그 기둥은 한 기둥의 높이가 십팔 규
빗이요 그 둘레는 십이 규빗이며 그
속이 비었고 그 두께는 네 손가락 두
께이며
22 기둥 위에 놋머리가 있어 그 높이가
다섯 규빗이요 머리 사면으로 돌아가
며 꾸민 망사와 석류가 다 놋이며 또
다른 기둥에도 이런 모든 것과 석류
가 있었더라
23 그 사면에 있는 석류는 아흔여섯 개

16】

17】

18】

19】

20】

21】

22】

23】

요 그 기둥에 둘린 그물 위에 있는 석
류는 도합이 백 개이었더라

유다 백성이 바벨론으로 사로잡혀 가다
(왕하 25:18-21, 27-30)

24 ○ 사령관이 대제사장 스라야와 부제
사장 스바냐와 성전 문지기 세 사람
을 사로잡고
25 또 성 안에서 사람을 사로잡았으니 곧
군사를 거느린 지휘관 한 사람과 또 성
중에서 만난 왕의 내시 칠 명과 군인을
감독하는 군 지휘관의 서기관 하나와
성 안에서 만난 평민 육십 명이라
26 사령관 느부사라단은 그들을 사로잡
아 립나에 있는 바벨론의 왕에게 나
아가매
27 바벨론의 왕이 하맛 땅 립나에서 다
쳐 죽였더라 이와 같이 유다가 사로
잡혀 본국에서 떠났더라
28 ○ 느부갓네살이 사로잡아 간 백성은
이러하니라 제칠년에 유다인이 삼천
이십삼 명이요
29 느부갓네살의 열여덟째 해에 예루살
렘에서 사로잡아 간 자가 팔백삼십이
명이요
30 느부갓네살의 제이십삼년에 사령관
느부사라단이 사로잡아 간 유다 사람
이 칠백사십오 명이니 그 총수가 사
천육백 명이더라

24】
25】
26】
27】
28】
29】
30】

31 ○ 유다 왕 여호야긴이 사로잡혀 간
지 삼십칠 년 곧 바벨론의 에윌므로
닥 왕의 즉위 원년 열두째 달 스물다
섯째 날 그가 유다의 여호야긴 왕의
머리를 들어 주었고 감옥에서 풀어
주었더라
32 그에게 친절하게 말하고 그의 자리를
그와 함께 바벨론에 있는 왕들의 자
리보다 높이고
33 그 죄수의 의복을 갈아 입혔고 그의
평생 동안 항상 왕의 앞에서 먹게 하
였으며
34 그가 날마다 쓸 것을 바벨론의 왕에
게서 받는 정량이 있었고 죽는 날까
지 곧 종신토록 받았더라

31】

32】

33】

34】

예레미야 애가

예루살렘의 슬픔

1 1 슬프다 이 성이여 전에는 사람들이
많더니 이제는 어찌 그리 적막하게
앉았는고 전에는 열국 중에 크던 자
가 이제는 과부 같이 되었고 전에는
열방 중에 공주였던 자가 이제는 강
제 노동을 하는 자가 되었도다
2 밤에는 슬피 우니 눈물이 뺨에 흐름

1】

2】

이여 사랑하던 자들 중에 그에게 위
로하는 자가 없고 친구들도 다 배반
하여 원수들이 되었도다
3 유다는 환난과 많은 고난 가운데에
사로잡혀 갔도다 그가 열국 가운데
에 거주하면서 쉴 곳을 얻지 못함이
여 그를 핍박하는 모든 자들이 궁지
에서 그를 뒤따라 잡았도다
4 시온의 도로들이 슬퍼함이여 절기를
지키려 나아가는 사람이 없음이로다
모든 성문들이 적막하며 제사장들이
탄식하며 처녀들이 근심하며 시온도
곤고를 받았도다
5 그의 대적들이 머리가 되고 그의 원수
들이 형통함은 그의 죄가 많으므로 여
호와께서 그를 곤고하게 하셨음이라
어린 자녀들이 대적에게 사로잡혔도다
6 딸 시온의 모든 영광이 떠나감이여
그의 지도자들은 꼴을 찾지 못한 사
슴들처럼 뒤쫓는 자 앞에서 힘없이
달아났도다
7 예루살렘이 환난과 유리하는 고통을
당하는 날에 옛날의 모든 즐거움을 기
억하였음이여 그의 백성이 대적의 손
에 넘어졌으나 그를 돕는 자가 없었
고 대적들은 그의 멸망을 비웃는도다
8 예루살렘이 크게 범죄함으로 조소거

3】

4】

5】

6】

7】

8】

리가 되었으니 전에 그에게 영광을
돌리던 모든 사람이 그의 벗었음을
보고 업신여김이여 그는 탄식하며 물
러가는도다
9 그의 더러운 것이 그의 옷깃에 묻어
있으나 그의 나중을 생각하지 아니함
이여 그러므로 놀랍도록 낮아져도 그
를 위로할 자가 없도다 여호와여 원
수가 스스로 큰 체하오니 나의 환난
을 감찰하소서
10 대적이 손을 펴서 그의 모든 보물들
을 빼앗았나이다 주께서 이미 이방인
들을 막아 주의 성회에 들어오지 못
하도록 명령하신 그 성소에 그들이
들어간 것을 예루살렘이 보았나이다
11 그 모든 백성이 생명을 이으려고 보물
로 먹을 것들을 바꾸었더니 지금도 탄
식하며 양식을 구하나이다 나는 비천
하오니 여호와여 나를 돌보시옵소서
12 지나가는 모든 사람들이여 너희에게
는 관계가 없는가 나의 고통과 같은
고통이 있는가 볼지어다 여호와께서
그의 진노하신 날에 나를 괴롭게 하
신 것이로다
13 높은 곳에서 나의 골수에 불을 보내
어 이기게 하시고 내 발 앞에 그물을
치사 나로 물러가게 하셨음이여 종일

9】

10】

11】

12】

13】

토록 나를 피곤하게 하여 황폐하게
하셨도다
14 내 죄악의 멍에를 그의 손으로 묶고
얽어 내 목에 올리사 내 힘을 피곤하
게 하셨음이여 내가 감당할 수 없는
자의 손에 주께서 나를 넘기셨도다
15 주께서 내 영토 안 나의 모든 용사들
을 없는 것 같이 여기시고 성회를 모
아 내 청년들을 부수심이여 처녀 딸
유다를 내 주께서 술틀에 밟으셨도다
16 이로 말미암아 내가 우니 내 눈에 눈
물이 물 같이 흘러내림이여 나를 위
로하여 내 생명을 회복시켜 줄 자가
멀리 떠났음이로다 원수들이 이기매
내 자녀들이 외롭도다
17 시온이 두 손을 폈으나 그를 위로할 자
가 없도다 여호와께서 야곱의 사방에
있는 자들에게 명령하여 야곱의 대적
들이 되게 하셨으니 예루살렘은 그들
가운데에 있는 불결한 자가 되었도다
18 여호와는 의로우시도다 그러나 내가
그의 명령을 거역하였도다 너희 모든
백성들아 내 말을 듣고 내 고통을 볼
지어다 나의 처녀들과 나의 청년들이
사로잡혀 갔도다
19 내가 내 사랑하는 자들을 불렀으나
그들은 나를 속였으며 나의 제사장들

14】

15】

16】

17】

18】

19】

과 장로들은 그들의 목숨을 회복시킬
그들의 양식을 구하다가 성 가운데에
서 기절하였도다
20 여호와여 보시옵소서 내가 환난을 당
하여 나의 애를 다 태우고 나의 마음
이 상하오니 나의 반역이 심히 큼이
니이다 밖에서는 칼이 내 아들을 빼
앗아 가고 집 안에서는 죽음 같은 것
이 있나이다
21 그들이 내가 탄식하는 것을 들었으나
나를 위로하는 자가 없으며 나의 모
든 원수들은 내가 재난 당하는 것을
듣고 주께서 이렇게 행하신 것을 기
뻐하나이다 그러나 주께서 그 선포하
신 날을 이르게 하셔서 그들이 나와
같이 되게 하소서
22 그들의 모든 악을 주 앞에 가지고 오
게 하시고 나의 모든 죄악들로 말미
암아 내게 행하신 것 같이 그들에게
행하옵소서 나의 탄식이 많고 나의
마음이 병들었나이다

20】

21】

22】

예루살렘에 대한 여호와의 진노

2 1 슬프다 주께서 어찌 그리 진노하사
딸 시온을 구름으로 덮으셨는가 이
스라엘의 아름다움을 하늘에서 땅에
던지셨음이여 그의 진노의 날에 그의

1】

발판을 기억하지 아니하셨도다
2 주께서 야곱의 모든 거처들을 삼키시
고 긍휼히 여기지 아니하셨음이여 노
하사 딸 유다의 견고한 성채들을 허
물어 땅에 엎으시고 나라와 그 지도
자들을 욕되게 하셨도다
3 맹렬한 진노로 이스라엘의 모든 뿔을
자르셨음이여 원수 앞에서 그의 오른
손을 뒤로 거두어 들이시고 맹렬한
불이 사방으로 불사름 같이 야곱을
불사르셨도다
4 원수 같이 그의 활을 당기고 대적처
럼 그의 오른손을 들고 서서 눈에 드
는 아름다운 모든 사람을 죽이셨음이
여 딸 시온의 장막에 그의 노를 불처
럼 쏟으셨도다
5 주께서 원수 같이 되어 이스라엘을
삼키셨음이여 그 모든 궁궐들을 삼
키셨고 견고한 성들을 무너뜨리사 딸
유다에 근심과 애통을 더하셨도다
6 주께서 그의 초막을 동산처럼 헐어
버리시며 그의 절기를 폐하셨도다 여
호와께서 시온에서 절기와 안식일을
잊어버리게 하시며 그가 진노하사 왕
과 제사장을 멸시하셨도다
7 여호와께서 또 자기 제단을 버리시며
자기 성소를 미워하시며 궁전의 성벽

2】

3】

4】

5】

6】

7】

들을 원수의 손에 넘기셨으매 그들이
여호와의 전에서 떠들기를 절기의 날
과 같이 하였도다
8 여호와께서 딸 시온의 성벽을 헐기로
결심하시고 줄을 띠고 무너뜨리는 일
에서 손을 거두지 아니하사 성벽과
성곽으로 통곡하게 하셨으매 그들이
함께 쇠하였도다
9 성문이 땅에 묻히며 빗장이 부서져
파괴되고 왕과 지도자들이 율법 없
는 이방인들 가운데에 있으며 그 성
의 선지자들은 여호와의 묵시를 받지
못하는도다
10 딸 시온의 장로들이 땅에 앉아 잠잠
하고 티끌을 머리에 덮어쓰고 굵은
베를 허리에 둘렀음이여 예루살렘 처
녀들은 머리를 땅에 숙였도다
11 ○ 내 눈이 눈물에 상하며 내 창자가
끊어지며 내 간이 땅에 쏟아졌으니
이는 딸 내 백성이 패망하여 어린 자
녀와 젖 먹는 아이들이 성읍 길거리
에 기절함이로다
12 그들이 성읍 길거리에서 상한 자처럼
기절하여 그의 어머니들의 품에서 혼
이 떠날 때에 어머니들에게 이르기
를 곡식과 포도주가 어디 있느냐 하
도다

8】

9】

10】

11】

12】

13 딸 예루살렘이여 내가 무엇으로 네게
증거하며 무엇으로 네게 비유할까 처
녀 딸 시온이여 내가 무엇으로 네게
비교하여 너를 위로할까 너의 파괴됨
이 바다 같이 크니 누가 너를 고쳐 줄
소냐

13】

14 네 선지자들이 네게 대하여 헛되고
어리석은 묵시를 보았으므로 네 죄
악을 드러내어서 네가 사로잡힌 것을
돌이키지 못하였도다 그들이 거짓 경
고와 미혹하게 할 것만 보았도다

14】

15 모든 지나가는 자들이 다 너를 향하
여 박수치며 딸 예루살렘을 향하여
비웃고 머리를 흔들며 말하기를 온전
한 영광이라, 모든 세상 사람들의 기
쁨이라 일컫던 성이 이 성이냐 하며

15】

16 네 모든 원수들은 너를 향하여 그들
의 입을 벌리며 비웃고 이를 갈며 말
하기를 우리가 그를 삼켰도다 우리가
바라던 날이 과연 이 날이라 우리가
얻기도 하고 보기도 하였다 하도다

16】

17 여호와께서 이미 정하신 일을 행하
시고 옛날에 명령하신 말씀을 다 이
루셨음이여 긍휼히 여기지 아니하시
고 무너뜨리사 원수가 너로 말미암아
즐거워하게 하며 네 대적자들의 뿔로
높이 들리게 하셨도다

17】

년 월 일

18 그들의 마음이 주를 향하여 부르짖기
를 딸 시온의 성벽아 너는 밤낮으로
눈물을 강처럼 흘릴지어다 스스로 쉬
지 말고 네 눈동자를 쉬게 하지 말지
어다
19 초저녁에 일어나 부르짖을지어다 네
마음을 주의 얼굴 앞에 물 쏟듯 할지
어다 각 길 어귀에서 주려 기진한 네
어린 자녀들의 생명을 위하여 주를
향하여 손을 들지어다 하였도다
20 ○ 여호와여 보시옵소서 주께서 누구
에게 이같이 행하셨는지요 여인들이
어찌 자기 열매 곧 그들이 낳은 아이
들을 먹으오며 제사장들과 선지자들
이 어찌 주의 성소에서 죽임을 당하
오리이까
21 늙은이와 젊은이가 다 길바닥에 엎드
러졌사오며 내 처녀들과 내 청년들이
칼에 쓰러졌나이다 주께서 주의 진노
의 날에 죽이시되 긍휼히 여기지 아
니하시고 도륙하셨나이다
22 주께서 내 두려운 일들을 사방에서
부르시기를 절기 때 무리를 부름 같
이 하셨나이다 여호와께서 진노하시
는 날에는 피하거나 남은 자가 없나
이다 내가 낳아 기르는 아이들을 내
원수가 다 멸하였나이다

18】

19】

20】

21】

22】

진노, 회개, 소망

3 1 여호와의 분노의 매로 말미암아
고난 당한 자는 나로다
2 나를 이끌어 어둠 안에서 걸어가게 하
시고 빛 안에서 걸어가지 못하게 하셨
으며
3 종일토록 손을 들어 자주자주 나를
치시는도다
4 나의 살과 가죽을 쇠하게 하시며 나
의 뼈들을 꺾으셨고
5 고통과 수고를 쌓아 나를 에우셨으며
6 나를 어둠 속에 살게 하시기를 죽은
지 오랜 자 같게 하셨도다
7 나를 둘러싸서 나가지 못하게 하시고
내 사슬을 무겁게 하셨으며
8 내가 부르짖어 도움을 구하나 내 기
도를 물리치시며
9 다듬은 돌을 쌓아 내 길들을 막으사
내 길들을 굽게 하셨도다
10 그는 내게 대하여 엎드려 기다리는
곰과 은밀한 곳에 있는 사자 같으사
11 나의 길들로 치우치게 하시며 내 몸
을 찢으시며 나를 적막하게 하셨도다
12 활을 당겨 나를 화살의 과녁으로 삼
으심이여
13 화살통의 화살들로 내 허리를 맞추셨
도다

1】

2】

3】

4】

5】

6】

7】

8】

9】

10】

11】

12】

13】

년 월 일

14 나는 내 모든 백성에게 조롱거리 곧 종
일토록 그들의 노랫거리가 되었도다
15 나를 쓴 것들로 배불리시고 쑥으로
취하게 하셨으며
16 조약돌로 내 이들을 꺾으시고 재로
나를 덮으셨도다
17 주께서 내 심령이 평강에서 멀리 떠나
게 하시니 내가 복을 내어버렸음이여
18 스스로 이르기를 나의 힘과 여호와께
대한 내 소망이 끊어졌다 하였도다
19 ○ 내 고초와 재난 곧 쑥과 담즙을 기
억하소서
20 내 마음이 그것을 기억하고 내가 낙
심이 되오나
21 이것을 내가 내 마음에 담아 두었더
니 그것이 오히려 나의 소망이 되었
사옴은
22 여호와의 인자와 긍휼이 무궁하시므
로 우리가 진멸되지 아니함이니이다
23 이것들이 아침마다 새로우니 주의 성
실하심이 크시도다소이다
24 내 심령에 이르기를 여호와는 나의
기업이시니 그러므로 내가 그를 바라
리라 하도다
25 기다리는 자들에게나 구하는 영혼들
에게 여호와는 선하시도다
26 사람이 여호와의 구원을 바라고 잠잠

14】

15】

16】

17】

18】

19】

20】

21】

22】

23】

24】

25】

26】

히 기다림이 좋도다
27 사람은 젊었을 때에 멍에를 메는 것
이 좋으니
28 혼자 앉아서 잠잠할 것은 주께서 그
것을 그에게 메우셨음이라
29 그대의 입을 땅의 티끌에 댈지어다
혹시 소망이 있을지로다
30 자기를 치는 자에게 뺨을 돌려대어
치욕으로 배불릴지어다
31 이는 주께서 영원하도록 버리지 아니
하실 것임이며
32 그가 비록 근심하게 하시나 그의 풍
부한 인자하심에 따라 긍휼히 여기실
것임이라
33 주께서 인생으로 고생하게 하시며 근
심하게 하심은 본심이 아니시로다
34 세상에 있는 모든 갇힌 자들을 발로
밟는 것과
35 지존자의 얼굴 앞에서 사람의 재판을
굽게 하는 것과
36 사람의 송사를 억울하게 하는 것은 다
주께서 기쁘게 보시는 것이 아니로다
37 주의 명령이 아니면 누가 이것을 능
히 말하여 이루게 할 수 있으랴
38 화와 복이 지존자의 입으로부터 나오
지 아니하느냐
39 살아 있는 사람은 자기 죄들 때문에

27】

28】

29】

30】

31】

32】

33】

34】

35】

36】

37】

38】

39】

벌을 받나니 어찌 원망하랴
40 ○ 우리가 스스로 우리의 행위들을 조사하고 여호와께로 돌아가자
41 우리의 마음과 손을 아울러 하늘에 계신 하나님께 들자
42 우리의 범죄함과 우리의 반역함을 주께서 사하지 아니하시고
43 진노로 자신을 가리시고 우리를 추격하시며 죽이시고 긍휼을 베풀지 아니하셨나이다
44 주께서 구름으로 자신을 가리사 기도가 상달되지 못하게 하시고
45 우리를 뭇 나라 가운데에서 쓰레기와 폐물로 삼으셨으므로
46 우리의 모든 원수들이 우리를 향하여 그들의 입을 크게 벌렸나이다
47 두려움과 함정과 파멸과 멸망이 우리에게 임하였도다
48 딸 내 백성의 파멸로 말미암아 내 눈에는 눈물이 시내처럼 흐르도다
49 내 눈에 흐르는 눈물이 그치지 아니하고 쉬지 아니함이여
50 여호와께서 하늘에서 살피시고 돌아보실 때까지니라
51 나의 성읍의 모든 여자들을 내 눈으로 보니 내 심령이 상하는도다
52 나의 원수들이 이유없이 나를 새처럼

40】
41】
42】
43】
44】
45】
46】
47】
48】
49】
50】
51】
52】

사냥하는도다

53 그들이 내 생명을 끊으려고 나를 구
덩이에 넣고 그 위에 돌을 던짐이여

54 물이 내 머리 위로 넘치니 내가 스스로
이르기를 이제는 멸절되었다 하도다

55 ○ 여호와여 내가 심히 깊은 구덩이
에서 주의 이름을 불렀나이다

56 주께서 이미 나의 음성을 들으셨사오
니 이제 나의 탄식과 부르짖음에 주
의 귀를 가리지 마옵소서

57 내가 주께 아뢴 날에 주께서 내게 가
까이 하여 이르시되 두려워하지 말라
하셨나이다

58 주여 주께서 내 심령의 원통함을 풀
어 주셨고 내 생명을 속량하셨나이다

59 여호와여 나의 억울함을 보셨사오니
나를 위하여 원통함을 풀어주옵소서

60 그들이 내게 보복하며 나를 모해함을
주께서 다 보셨나이다

61 여호와여 그들이 나를 비방하며 나를
모해하는 모든 것

62 곧 일어나 나를 치는 자들의 입술에
서 나오는 것들과 종일 나를 모해하
는 것들을 들으셨나이다

63 그들이 앉으나 서나 나를 조롱하여
노래하는 것을 주목하여 보옵소서

64 여호와여 주께서 그들의 손이 행한

53】

54】

55】

56】

57】

58】

59】

60】

61】

62】

63】

64】

대로 그들에게 보응하사
65 그들에게 거만한 마음을 주시고 그들
에게 저주를 내리소서
66 주께서 진노로 그들을 뒤쫓으사 여호
와의 하늘 아래에서 멸하소서

멸망 후의 예루살렘

4 1 슬프다 어찌 그리 금이 빛을 잃고
순금이 변질하였으며 성소의 돌들
이 거리 어귀마다 쏟아졌는고
2 순금에 비할 만큼 보배로운 시온의
아들들이 어찌 그리 토기장이가 만든
질항아리 같이 여김이 되었는고
3 들개들도 젖을 주어 그들의 새끼를
먹이나 딸 내 백성은 잔인하여 마치
광야의 타조 같도다
4 젖먹이가 목말라서 혀가 입천장에 붙
음이여 어린 아이들이 떡을 구하나
떼어 줄 사람이 없도다
5 맛있는 음식을 먹던 자들이 외롭게
거리 거리에 있으며 이전에는 붉은
옷을 입고 자라난 자들이 이제는 거
름더미를 안았도다
6 전에 소돔이 사람의 손을 대지 아니
하였는데도 순식간에 무너지더니 이
제는 딸 내 백성의 죄가 소돔의 죄악
보다 무겁도다

7 전에는 존귀한 자들의 몸이 눈보다
깨끗하고 젖보다 희며 산호들보다 붉
어 그들의 윤택함이 갈아서 빛낸 청
옥 같더니
8 이제는 그들의 얼굴이 숯보다 검고
그들의 가죽이 뼈들에 붙어 막대기
같이 말랐으니 어느 거리에서든지 알
아볼 사람이 없도다
9 칼에 죽은 자들이 주려 죽은 자들보
다 나음은 토지 소산이 끊어지므로
그들은 찔림 받은 자들처럼 점점 쇠
약하여 감이로다
10 딸 내 백성이 멸망할 때에 자비로운
부녀들이 자기들의 손으로 자기들의
자녀들을 삶아 먹었도다
11 ○ 여호와께서 그의 분을 내시며 그
의 맹렬한 진노를 쏟으심이여 시온에
불을 지르사 그 터를 사르셨도다
12 대적과 원수가 예루살렘 성문으로 들
어갈 줄은 세상의 모든 왕들과 천하
모든 백성이 믿지 못하였었도다
13 그의 선지자들의 죄들과 제사장들의
죄악들 때문이니 그들이 성읍 안에서
의인들의 피를 흘렸도다
14 그들이 거리 거리에서 맹인 같이 방황
함이여 그들의 옷들이 피에 더러워졌
으므로 그들이 만질 수 없도다

7】

8】

9】

10】

11】

12】

13】

14】

15 사람들이 그들에게 외쳐 이르기를 저
리 가라 부정하다, 저리 가라, 저리 가
라, 만지지 말라 하였음이여 그들이
도망하여 방황할 때에 이방인들이 말
하기를 그들이 다시는 여기서 살지
못하리라 하였도다
16 여호와께서 노하여 그들을 흩으시고
다시는 돌보지 아니하시리니 그들이
제사장들을 높이지 아니하였으며 장
로들을 대접하지 아니하였음이로다
17 ○ 우리가 헛되이 도움을 바라므로
우리의 눈이 상함이여 우리를 구원하
지 못할 나라를 바라보고 바라보았
도다
18 그들이 우리의 걸음을 엿보니 우리가
거리마다 다 다닐 수 없음이여 우리
의 끝이 가깝고 우리의 날들이 다하
였으며 우리의 종말이 이르렀도다
19 우리를 뒤쫓는 자들이 하늘의 독수리
들보다 빠름이여 산 꼭대기까지도 뒤
쫓으며 광야에서도 우리를 잡으려고
매복하였도다
20 우리의 콧김 곧 여호와께서 기름 부
으신 자가 그들의 함정에 빠졌음이여
우리가 그를 가리키며 전에 이르기를
우리가 그의 그늘 아래에서 이방인들
중에 살겠다 하던 자로다

15】

16】

17】

18】

19】

20】

21 우스 땅에 사는 딸 에돔아 즐거워하며
기뻐하라 잔이 네게도 이를지니 네가
취하여 벌거벗으리라
22 딸 시온아 네 죄악의 형벌이 다하였으
니 주께서 다시는 너로 사로잡혀 가지
아니하게 하시리로다 딸 에돔아 주께
서 네 죄악을 벌하시며 네 허물을 드
러내시리로다

21】

22】

긍휼을 위한 기도

5 1 여호와여 우리가 당한 것을 기억
하시고 우리가 받은 치욕을 살펴보
옵소서
2 우리의 기업이 외인들에게, 우리의 집
들도 이방인들에게 돌아갔나이다
3 우리는 아버지 없는 고아들이오며 우
리의 어머니는 과부들 같으니
4 우리가 은을 주고 물을 마시며 값을
주고 나무들을 가져오며
5 우리를 뒤쫓는 자들이 우리의 목을
눌렀사오니 우리가 기진하여 쉴 수
없나이다
6 우리가 애굽 사람과 앗수르 사람과
악수하고 양식을 얻어 배불리고자 하
였나이다
7 우리의 조상들은 범죄하고 없어졌으
며 우리는 그들의 죄악을 담당하였나

1】

2】

3】

4】

5】

6】

7】

년 월 일

이다
8 종들이 우리를 지배함이여 그들의 손
에서 건져낼 자가 없나이다
9 광야에는 칼이 있으므로 죽기를 무릅
써야 양식을 얻사오니
10 굶주림의 열기로 말미암아 우리의 피
부가 아궁이처럼 검으니이다
11 대적들이 시온에서 부녀들을, 유다 각
성읍에서 처녀들을 욕보였나이다
12 지도자들은 그들의 손에 매달리고 장
로들의 얼굴도 존경을 받지 못하나
이다
13 청년들이 맷돌을 지며 아이들이 나무
를 지다가 엎드러지오며
14 노인들은 다시 성문에 앉지 못하며
청년들은 다시 노래하지 못하나이다
15 우리의 마음에는 기쁨이 그쳤고 우리
의 춤은 변하여 슬픔이 되었사오며
16 우리의 머리에서는 면류관이 떨어졌
사오니 오호라 우리의 범죄 때문이니
이다
17 이러므로 우리의 마음이 피곤하고 이
러므로 우리 눈들이 어두우며
18 시온 산이 황폐하여 여우가 그 안에
서 노나이다
19 ○ 여호와여 주는 영원히 계시오며
주의 보좌는 대대에 이르나이다

8】

9】

10】

11】

12】

13】

14】

15】

16】

17】

18】

19】

20 주께서 어찌하여 우리를 영원히 잊으
시오며 우리를 이같이 오래 버리시나
이까
21 여호와여 우리를 주께로 돌이키소서
그리하시면 우리가 주께로 돌아가겠
사오니 우리의 날들을 다시 새롭게
하사 옛적 같게 하옵소서
22 주께서 우리를 아주 버리셨사오며 우
리에게 진노하심이 참으로 크시니
이다

20】

21】

22】